유리를 삼키면 투명해질까

섭식장애와 함께 살아가는
다섯 명의 목소리

유리를 삼키면 투명해질까

초판 1쇄 펴낸날 2025년 2월 12일

지은이 이진솔
펴낸이 홍지연

편집 홍소연 김선아 이태화 김영은 차소영 서경민
디자인 이정화 박태연 박해연 정든해
마케팅 강점원 최은 신예은 김가영 김동휘
경영지원 정상희 배지수

펴낸곳 (주)우리학교
출판등록 제313-2009-26호(2009년 1월 5일)
제조국 대한민국
주소 04029 서울시 마포구 동교로12안길 8
전화 02-6012-6094
팩스 02-6012-6092
홈페이지 www.woorischool.co.kr
이메일 woorischool@naver.com

ⓒ이진솔, 2025
ISBN 979-11-6755-317-1 (43300)

만든 사람들
편집 차소영
디자인 박태연

섭식장애와 _____ 함께 살아가는 _____ 다섯 명의 목소리

유리를 삼키면 투명해질까

✦ 이진솔 지음

우리학교

추천의 말

마음의 상처는 몸으로 나타난다. '날씬해야 한다.'는 마음
뒤에 숨어 있던 사랑받고 싶은 마음이, 외롭고 우울한 마음이,
누군가에게서 관심받고 인정받고 싶은 마음이, 함부로 재단하는
말들에 상처받은 마음이 음식을 먹게 하고 또 토하게 한다.
섭식장애를 앓는 다섯 명의 목소리를 성실하고 섬세하게
담아낸 이 책은 '먹토'가 다이어트에 목매는 이들의 비정상적인
행동이라는 통념을 부수고 그 조각들을 보여 준다. 다이어트 뒤에
무엇이 있는지 보라고. 점점 더 많은 청소년들이 굶고, 먹은 것을
토하고, 식욕 억제제를 복용하는 가운데 더없이 시의적절하게
도착한 책이다.

_강지나(교사, 『가난한 아이들은 어떻게 어른이 되는가』 저자)

누가 섭식장애에 대해 '알고 있는 사람'인가? 섭식장애라는
이 사회적이고 정치적인 구성물은 의학 교재가 개정되는 속도를
비웃으며 시시각각 형태를 바꾼다. 병원이, 사회가 섭식장애
치료에 실패했다면 이제껏 이들의 말을 제대로 들으려는 노력이
없었기 때문은 아닐까? 유튜버로서, 상담 연구자로서 당사자들의
이야기를 들어 온 저자는 '프로아나 문화를 전시하는' 선정적인
보도 방식을 넘어 어떻게 섭식장애를 설명할 수 있을지에 대한
비옥한 토대를 제시한다.

_박지니('섭식장애 인식 주간' 기획자, 『삼키기 연습』 저자)

　누군가 10대 후반이나 20대 초반의 나에게 "너 먹고 토하는 걸로 논문도 쓰고 책도 쓴다."라고 말한다면 과연 나는 어떤 반응을 보일까? 사는 게 그저 악몽 같고 어차피 삶은 시궁창이라며 먹고 토하다 죽어도 상관없다고 생각한 시절이 길었다. 끝나지 않을 것만 같았다. 하지만 서른 살이 되기 전에 죽을 거라던 다짐이 무색하게 나는 벌써 서른세 살의 겨울을 맞이하고 있고, 끔찍하게 싫어하던 상담을 업으로 삼고 있다. 밥 한 공기를 뚝딱 비우고 아무렇지 않게 자리에서 일어날 때마다 묘한 감동이 찾아온다. 음식을 씹고 삼키고 소화하는 일, 너무도 당연한 이 과정을 되찾기까지 10년이 넘는 시간이 걸렸다.

　2007년, 열여섯 살에 처음으로 구토를 통해 쾌감을 느꼈다. 오랜 지옥의 시작이었던 그해는 절망적이었다. 최악이라는 단어 외에는 설명할 길이 없다. 집은 매일 아수라장이었고 동생은 이웃집에 맡겨지기 일쑤였다. 몸 여기저기서 피가 나는데도 바닥에 흩어져 있는 유리 조각을 줍고 가구들을 정리하던 엄마의 모습이 지금도 생생하다. 그즈음부터 약 15년간 섭식장애를 앓았다. 정확히 말하면 10년은 병의 한가운데에 있었고 5년은 벗어나려고 발버둥 쳤다.

섭식장애라고 하면 사람들은 가장 먼저 다이어트를 떠올리지만, 섭식장애와 나의 첫 만남은 다이어트가 아니었다. 섭식장애는 내가 해결할 수 없는 문제들로부터 잠시나마 벗어날 수 있는 비상구였다. 해소되지 않는 감정을 쏟아 내기 위해 택한 유일한 위로였다. 체중 감량을 의도하지 않았으나 구토를 시작하고 한 달 사이 7kg가량이 빠졌다. 친구들은 부러워했고, 어른들은 칭찬과 걱정 어린 시선으로 바라봤다. 살이 빠지니 '먹어도 살찌지 않는 아이, 마른 아이'로서 부러움의 대상이 될 수 있었다. 어디에서도 안전할 수 없었던 열여섯 살의 나는 '마른 몸' 안에서 안전했고 안정감을 느꼈다. 나도 사랑받을 수 있는 존재라는 확신이 생겼다. 그렇게 사랑받기 위해서는 살을 더 빼고 마른 몸을 유지해야 한다는 강박이 생겼다.

매끼를 먹고 토했다. 나중엔 먹는 행위 자체가 두려워졌다. 극단적인 제한은 곧 통제 불가능한 폭식으로 옮겨 갔다. 모두가 잠든 새벽이면 허겁지겁 음식을 입에 밀어 넣었다. 앉은 자리에서 치킨, 피자, 햄버거, 비빔밥, 퍼 먹는 아이

스크림, 탄산음료, 떡볶이, 과자를 해치웠다. 식도 끝까지 차오른 음식들 때문에 숨 쉬기 힘들어지면 어김없이 토했다. 화장실을 사용하면 토하는 걸 들킬까 봐, 세탁실이나 방에 숨어 검은 비닐봉지에 토했다. 15년 내내 이런 악순환을 반복했다. 나중엔 무엇을 위해 토하고 운동을 하는지 나 자신도 대답할 수 없었다. 토할 수 없을 땐 먹지 않았고, 며칠을 굶으면 나도 모르는 사이 잠결에 일어나 우걱우걱 무언가를 먹고 있었다. 언제부터인가 스스로가 괴물 같았다. "너는 어쩜 그렇게 잘 먹는데 살이 안 찌냐, 운동을 얼마나 열심히 하는 거냐, 자기 관리 정말 잘한다, 부럽다."라는 사람들의 칭찬은 기쁨이 아닌 죄책감을 불러일으켰다. 살이 찔까 봐 먹은 걸 모조리 게워 내고 새벽 네 시에도 울면서 운동장을 뛴다고 말하면 모두가 질려할 것 같았다. 사랑받을 자격을 잃을 게 뻔했기 때문에 솔직해질 수 없었다. 절대로.

20대 중반이 되어서도 내가 뭘 좋아하는지, 뭘 하고 싶은지 몰랐다. 알려고 하지도 않았다. 그저 남들에게 어떻게 보일까만 생각했다. 분명 애쓰고 있는데 자꾸 망가지는 것 같았다. 나를 위해, 사랑받기 위해 시작한 일들 때문에 거짓 말쟁이가 되었다. 몸과 마음은 엉망진창이 되었다. 건망증이 심해졌다. 하루가 멀다 하고 눈의 실핏줄이 터졌다. 3주가

넘도록 변을 보지 못하기 일쑤였다. 조금만 걸어도 식은땀이 났다. 나중엔 물건을 쥐기 힘들 정도로 손이 떨리거나 마비가 왔다. 뭔가 단단히 잘못된 것 같았지만, 살이 찌는 것보다는 낫다고 생각했다. 그렇게 병이 병인 줄 모른 채 살았다. 아니, 알면서도 모른 척했다.

물 한 모금 삼키는 것도 두려워 토하는 시기를 지나 앉은 자리에서 10인분에 가까운 양을 먹어 치우는 시기, 그리고 그 무엇을 입에 넣든 다 게워 내는 시기를 되풀이하며 15년을 보냈다. 그 오랜 시간 동안 나는 철저히 혼자였다. 섭식장애를 고백한 후 사람들은 왜 진작 병원에 가지 않았는지, 왜 치료를 받지 않았는지 물었다. 왜 자신을 내버려뒀냐고 나무라기도 했다. 걱정하는 마음이었겠지만, 그 질문은 틀렸다. 나는 나를 내버려두고 싶지 않았다. 어떻게든 붙잡고 싶었다. 죄책감과 부끄러움을 느끼면서도 어쩔 수 없다고 생각했다. 살기 위해서는 병을 더 세게 끌어안는 수밖에 없다고. 처음 부모님에게 들켰을 땐 온갖 폭언이 쏟아졌다. 용기 내 병원에 갔을 땐 "지금도 충분히 말랐는데 왜 먹고 토해요?"라는 무심한 말을 들었다.

오직 병만이 나를 알아주는 것 같았다. 아무도 내 이야기를 궁금해하지 않았고 들어주지 않았다. 왜 날씬해지고 싶은지, 왜 먹는 게 두려운지, 왜 구토를 멈출 수 없는지 묻지 않았다. 미디어에서 말하는 섭식장애로, 정해진 임상적 기준만으로 나를 판단했다. '나'는 없었고 '그렇다더라'의 섭식장애만 존재했다. 물론 나 역시 솔직하지 않았다. 전문가들을 의심하기도 시험하기도 했다. 겪어 보지 않은 사람들을 믿을 수 없었다.

　나중에 연구하면서 알게 된 건, 이것이 바로 섭식장애 환자들의 특징이라는 사실이었다. 섭식장애 환자들은 자신의 병을 알리고 싶어 하지 않고 치료에 대한 동기가 낮고 저항도 강하다. 때문에 병을 발견하는 시기도, 치료하는 시기도 늦어지는 경우가 많다. 많은 전문가들이 섭식장애를 '도전의 대상'이라고 부르는 이유가 여기에 있다. 지금껏 섭식장애 치료를 위한 여러 연구가 있었지만, 연구 주제가 비슷하거나 단편적인 면만 확인하는 등 한계가 있었다. 심지어 섭식장애가 생기거나 유지되는 요인, 증상, 치료 거부 등에 관한 연구들은 결과가 일치하지 않는 경우가 많았는데, 객관식 문항으로는 알기 힘든 개개인의 고유한 이야기에 초점을 두지 않았기 때문이다. 논문을 준비하면서 가장 많이 마주했던 문장이 있다.

'섭식장애 환자'의 관점을 통한 연구가 부족하다.

　이 책은, 또 이 책의 토대가 된 석사 학위 논문은 위 문장에 대답하기 위함이었다. '섭식장애' 하면 사람들은 흔히 극단적으로 마르거나 뚱뚱한 모습을 상상한다. 나 역시 섭식장애 환자에 대한 외형적 선입견이 있었기에 내가 섭식장애 환자로서 부족하다고 생각했다. (대체 왜 환자로서 부족함을 따졌을까? 아프면 아픈 건데.) 그러나 섭식장애는 외형만으로 판단할 수 없다.

섭식장애가 마음의 병임을 인정하기까지 꼬박 10년이 걸렸다. 2017년, 섭식장애와 멀어지겠다는 개인적 다짐을 담아 올린 유튜브 영상이 20만이 넘는 조회 수를 기록했다. 영상에는 수백 개의 댓글이 달렸고, 지금도 종종 그 영상을 본 이들에게서 연락을 받는다. 당시에 나는 섭식장애의 한가운데에 있었기에 나을 수 있다는 희망보다는 그저 어디에든 이야기하고 싶다는 심정이었다. 아무도 보지 않을 줄 알았던 영상을 통해 나는 세상에 이 병으로 힘들어하는 사람이 셀 수 없이 많다는 것을 알았다. 혼자가 아니라는 안도감이, 병을 함께 이야기할 수 있는 사람이 있다는 사실만으로도 숨통이 트이는 느낌이 들었다. 그렇게 의도치 않게 섭식장애 유튜버가 되어 여러 매체에서 섭식장애에 관해 이야기하기도 했다. 숨기기 바빴던 병을 있는 그대로 드러내고 몇 번이고 이야기하면서 나와 병의 관계는 조금씩 달라졌다. 나뿐만 아니라 가족들을 지독하게 괴롭혔던 병은 하나의 이력이자 경력이 되었다. 사람들은 내게 자신의 이야기를 들려주었고, 함께 살아 내고 있다고 말해 주었다. 하지만 시간이 지날수록 한계를 느꼈다. 그저 아픔을 공유하는 데서 그치지 않고 우리가 나아갔으면 하는 바람이 생겼기 때문이다. 병에 붙잡힌 채 스스로를 고립시키지 않고 세상에 나와 함께 섰으면 싶었다. 석사 과정에 진학한 건 그래서였다. 경험을 넘어서는 가치를 찾고 싶었다.

진학할 때부터 섭식장애에 관한 연구를 하고 싶다고 지도 교수님께 쐐기를 박았다. 당사자로서 이야기하고 싶었고, 내가 만난 이들의 이야기를 전하고 싶었다. 몸에 갇힌 마음의 이야기를 나누고 싶었다. 2020년 석사 과정에 진학해 2021년 여름부터 겨울까지 다섯 명의 참여자를 만나 이야기를 나눴다. 당시 부산에 살았던 나는 참여자들을 만나기 위해 기차, 비행기, 버스를 타고 여러 지역을 오갔다. 한번 만나면 두세 시간씩 이야기를 나눴고, 함께 보낸 시간을 다 합치면 서른 시간이 넘는다. 마음 같아서는 논문에 우리가 나눈 이야기를 모두 담고 싶었지만 그럴 수 없었다. 2022년 2월, 무사히 학위 논문을 완성해 졸업했다. 그해 여름에는 학술지에 논문을 게재하기도 했다. 돌아보면 어떻게 그렇게 몰입할 수 있었을까 싶은데 '함께여서' 가능했던 것 같다. 외로울 틈 없이 참여자들을 만났고, 시간 가는 줄 모르고 이야기를 나눴다.

긴 외로움에 보답받는 시간이었다.

책에는 여러 사정으로 기존 인터뷰(2021년) 중 세 명의 인터뷰만 담게 되었다. 다른 두 명은 책을 준비하면서 만나 새로이 인터뷰를 했다(2024년). 아무래도 기존 인터뷰와 새 인터뷰 사이에는 3년이라는 간격이 있기 때문에 묘한 차이가 있지 않을까 싶은데, 부디 넓은 마음으로 이해해 주시길 부탁드린다.

책을 내면서 감사한 분들이 많지만, 다른 누구보다도 귀하디귀한 경험을 들려주시고 용기 내 논문과 책 작업에 함께해 주신 일곱 명의 참여자분들께 감사하다는 말을 전하고 싶다. 섭식장애라는 병 앞에서 '우리'라는 존재로 묶일 수 있는 이들을 만나는 건 꿈도 꿔 본 적 없는 비현실적인 일이었다. 비현실을 현실로 만들어 주셔서 말로 다 할 수 없을 만큼 감사하다. 인터뷰 참여자들뿐만 아니라 내가 만난 모든 당사자는 섭식장애에 대해서도 자신에 대해서도 누구보다 치열하게 고민하고 열렬히 살아가는 이들이었다. 만나지 못한 분들 역시 그럴 것이라 믿어 의심치 않는다. 감히 그렇게 믿고 응원하는 이가 여기 있습니다.

10년 넘게 먹고 토하는 딸 옆에서 어떻게든 이해해 보려고 애쓴 우리 엄마, 누나의 경험이 다른 이들의 희망이 될 거라고 말해 준 동생, 여전히 딸의 병을 이해하지 못해도 내 유튜브 영상은 꼬박꼬박 챙겨 보는 아빠, 헤매고 넘어질 때마다 잘 가고 있다고 응원해 준 친구들, 혼자였다면 절대 완성하지 못했을 텐데 끝까지 서로의 지지내가 되어 준 대학원 동기 선생님들, 섭식장애를 주제로 한 질적 연구가 아니면 논문 안 쓰겠다고 떼쓰던 철없는 제자를 믿고 지켜봐 주신 인제대학교 김영근 교수님과 다른 교수님들, 그리고 불온하고 불안정한 내게 따뜻하고 튼튼한 집이 되어 준 연인. 모두 고마워요. 여러분이 저의 삶이에요.

그리고 저보다 책에 진심이었다고 해도 과언이 아닌 소영 편집자님! 첫 미팅 때 함께 눈물을 글썽이던 순간이 제게 얼마나 큰 위로였는지 아시나요? 제겐 너무 귀한 논문이지만, 책이라는 형태로 세상에 나올 수 있었던 건 편집자님이 계셨기 때문이에요. 첫 책이라 부족함이 많았는데 꼼꼼히 신경 써 주셔서 감사해요. 덕분에 끝까지 해낼 수 있었어요. 우리학교 출판사에도 정말 감사드립니다.

마지막으로 먹고 토하다 죽어도 상관없다고 생각하던 나를 있는 그대로 바라봐 주고 화면 너머에서 함께 살아 주신 구독자분들에게 무한한 사랑과 감사를 전하고 싶다. 저에게 다음을 선물해 주신 분들이기에 이 책이 여러분의 다음에 어떤 형태로든 도움이 되길 바라요.

기존의 연구는 아래와 같은 말로 시작한다.

"본 연구는 섭식장애 환자들이 말하는 그들의 삶과 경험을 가능한 한 생생히 담고자 노력했으며 이는 연구자가 오랜 시간 섭식장애 환자로서 겪어 온 편견들을 향한 외침인 동시에 도움을 청하는 간절한 호소다."

이 책이 섭식장애라는 긴 터널을 만난 누군가에게 꼭 닿길 바란다.
같이 살아 보자고 말하고 싶다.
병은 절대 삶의 전부도 나의 전부도 아니다.

차례

첫 번째 이야기
다솜

예쁘고 날씬해야만 사랑받을 수 있나요

두 번째 이야기
바다

나를 사랑하나요?
내가 여기 있다는 걸 알아주세요

이 책에는 총 다섯 명의 이야기가 담겨 있다.

2021년 석사 학위 논문에 실렸던 다섯 명 중 세 명의 이야기에 더해 2024년 여름에 추가로 인터뷰한 두 명의 이야기다. 다섯 명 모두 여성이고, 섭식장애를 앓고 있으며, 연구자인 내가 운영하는 유튜브 채널의 구독자로서 인터뷰 참여를 적극적으로 희망했다. 연구에 참여한 이들은 각기 다른 유형의 섭식장애를 앓고 있으나 진단이 옮겨 다닌다는 점에서 유형을 분리하기보다 있는 그대로의 모습을 담고자 했다. 이는 섭식장애의 특징 중 하나로, 몇몇 환자들은 하나의 유형(거식증이면 거식증, 폭식증이면 폭식증)을 유지하지만 많은 수의 환자들이 거식과 폭식 사이를 오간다.

이다솜(27세), 이바다(33세), 정다운(31세) 세 사람은 2021년 7월부터 9월까지 1회당 두 시간가량의 인터뷰에 3회 참여했다. '3년 뒤의 우리'는 2024년 6월부터 8월 사이에 진행된 인터뷰로, 이 후속 인터뷰는 본 인터뷰와 달리

1회(약 두 시간) 만났으며, 이후 메신저를 통해 궁금한 것들을 추가로 묻기도 했다. 새로운 인터뷰 참여자 한재연(27세)과 윤슬(33세)은 기존 참여자들과 마찬가지로 두 시간씩 3회 만났으며, 윤슬은 지금도 나와 상담하고 있다. 인터뷰는 주로 녹음에 방해가 되지 않고 참여자들이 편안하게 이야기할 수 있는 스터디 카페 내 밀폐된 공간에서 진행했다.

참여자들은 자신의 이야기를 솔직하게 들려주었다. 다운은 나를 집에 초대했고, 바다는 자신의 일기를 공유해 주었다. 재연은 앞으로 섭식장애로 힘들어하는 분들을 위해 활동하고 싶다며 가명을 쓰지 않았고, 다솜과 윤슬은 인터뷰에서 다 하지 못한 이야기들을 한 글자 한 글자 눌러 담아 메시지로 보내 주었다.

석사 시절, 섭식장애 환자들을 인터뷰하겠다는 말에 많은 이들이 반신반의했다. 교수님들은 섭식장애 환자들과 어떻게 접촉할 수 있을지, 만난다 하더라도 경험을 듣고 논문

에 쓰는 게 가능한지 걱정하셨다. 그런 걱정이 무색하게 인
터뷰 참여자를 구하는 것은 문제가 아니었다. 참여해 주신
분들의 이야기를 내가 잘 써낼 수 있는지가 문제였을 뿐. 대
학원에 진학해 섭식장애에 관한 연구를 하고 싶다고 했을
때, 정말 많은 구독자분들이 응원해 주셨고 함께하고 싶다
고 말씀해 주셨다. 그렇게 든든한 아군이 있었기에 논문의
니은 자도 몰랐던 내가 호기롭게 대학원에 진학할 수 있었
다.

　인터뷰를 위해 하루에도 몇 번씩 지역을 넘나들면서도
힘든 줄 몰랐다. 아니, 힘들다가도 참여자분들을 마주하면
신이 났다. 돌아오는 길에 우는 날도 많았다. 고맙기도 하고
미안하기도 했다. 자신의 아픈 이야기를 하나하나 짚어 가
며 이야기하고 그 이야기가 어떤 형태로든 '기록'되는 것을
허락하기란, 웬만한 용기와 신뢰가 아니면 불가능하다는 걸
누구보다 잘 알기 때문이다. 그래서 이 책을 읽을 분들께 꼭
말하고 싶다. 이 책에 담긴 이야기는 극히 일부에 불과하다.

인터뷰 내용을 전부 합치면 몇백 장이 넘는데 그걸 축약하고 다듬었으니 담기지 않은 이야기가 얼마나 많겠는가. 부디 함부로 판단하거나 평가하지 않으셨으면 한다.

일러두기

- 이 책은 인제대학교 석사 학위 논문 「섭식장애 환자들의 삶에 관한 내러티브 탐구」와 그 일부를 수정, 보완하여 재구성한 논문 「섭식장애 환자들의 삶에 관한 내러티브 탐구: 게워내고 토해내는 삶」, 『교육인류학연구』 25(2), 2022를 바탕으로 했다.
- 인터뷰 참여자들의 말을 가능한 한 생생하게 전하기 위해 어법에 맞지 않는 표현일지라도 고치지 않았다. 또한 인터뷰 참여자들은 '섭식장애'와 '식이장애' 두 단어를 혼용했는데, 같은 의미로 쓰이는 단어이기에 하나로 통일하지 않고 그대로 담았다.
- 한재연을 제외한 모든 인터뷰이의 이름은 가명이다.

첫 번째 이야기

다솜

'나'를 표현할 수 있는 것이 있다면?

"저는 풍선이요.
제 기분이나 감정이 금방 두둥실 떠오르기도 하고 또
쉽게 꺼져 버리기도 하는 것 같아서요.
그리고 풍선은 한 번 놓으면 자유롭게 날잖아요."

다솜

나이	27세
유병 기간	10년 이상
현재 섭식장애 여부	O

어릴 적 다솜은 사교성이 좋거나 활발한 성격이 아니었
다. 조용히 책 읽는 걸 좋아하는 아이였다. 대부분의 시간을
도서관에서 보냈고 책이 가장 친한 친구였다. 그 탓인지 중
학생이 됐을 때는 친구 사귀기가 쉽지 않았다. 그런 생활이
싫은 건 아니었지만, 마음 한편에서는 외로움이 자라났다.
어떻게 하면 친구를 사귈 수 있을까 고민하던 차에 성적이
오르기 시작했고 친구들과도 조금씩 가까워졌다. 혼자였던
다솜의 세상이 달라지기 시작했다. 더 잘하고 싶었다. 친구
들과 더 가까워지고 싶은 만큼.

초등학교 때까진 성적에 많이 신경 쓰거나 그러진 않았는

데, 중학교 올라오면서 성적에 신경을 쓰고 성취감을 느끼고 친구들도 인정을 해 주고 엄마 아빠한테도 인정을 받고 그러니까, 성적에 되게 많이 신경을 쓰면서 그때부터 완벽주의가 생긴 것 같아요. '내가 열심히 하면 다 잘될 거야.' 이렇게.

중학교 1학년 2학기에 가장 친한 친구가 생긴 덕분에 2학년 때는 교우 관계가 어렵지 않았다. 좋은 친구들을 많이 만났고, 반 친구들 거의 모두와 친하게 지낼 정도로 다솜의 존재감은 이전과 달랐다. 다솜은 친구들에게서 받는 애정과 관심이 낯설면서도 좋았다. 지금껏 받아 본 적 없는 애정이었기에 더욱 크게 와닿았다. 인생에서 가장 행복했던 시기를 묻는다면 그때를 꼽을 정도로 좋았다. 하지만 동시에 불안했다. 행복은 언제까지고 이어지는 것이 아니기에 놓치지 않으려면 노력해야 했다. 노골적으로 쏟아진 애정은 조금이라도 식으면 확연히 티가 났다. 다솜은 어떻게 하면 친구들의 애정을 잃지 않을 수 있을지, 그리고 어떻게 하면 더 많은 애정을 받을 수 있을지 고민하기 시작했다.

어떻게 하면 여기서 귀여움을 더 받을 수 있을까, 친구들 애정을 더 받을 수 있을까. 그거를 막 대놓고 고민하진 않앉지만 좀 많이 신경을 썼었던 것 같아요. 내가 여기서 조금 더 예뻐지면, 살을 빼서 좀 더 선이 얇아지고 좀 더 연약해 보이고 그러면 친구들 애정을 더 받을 수 있지 않을까?

다솜은 한 친구를 떠올렸다. 유난히 하얗고 예쁜 친구. 그 친구처럼 마르고 여리여리한 몸을 갖게 되면 친구들이 더 좋아하지 않을까?

그렇게 다이어트는 구체적인 목표 없이, 몸무게도 사이즈도 정하지 않은 채로 시작됐다. 다솜은 그저 지금보다 나아지고 싶다고, 완벽해져야 한다고 생각했다. TV 속 연예인들을 보면서 제 몸과 그들의 몸을 비교했다. '어떻게 저렇게 날씬하지? 어쩜 저렇게 배가 납작하고 허리가 잘록할 수가 있지?' 친구들의 관심을 받기 위해 시작한 다이어트는 시간이 지날수록 자신을 날 선 평가의 눈으로 바라보게 했다. 하루에도 몇 번씩 거울을 보며 배가 얼마나 나왔는지 확인했다. 친구들과 마주 앉아 웃고 이야기 나누는 일보다 거울 속 내 몸이 어떤지 확인하는 일이 더 중요해졌다. 그야말로 주객전도였고, 아주 긴 여정의 시작이었다.

다이어트도 그러면 '내가 열심히 해서 진짜 확 해야지.' 그런 생각? 그래서 인터넷도 많이 찾아보고 탄수화물도 살 찌니까 안 돼. 탄수화물도 제한하고, 밥도 잘 안 먹고, 그렇게 하면서 다이어트가 심하게 된 거죠. (…) 그러다가 이제 중3 그렇게 끝나고 고등학교 딱 들어가기 전 그사이쯤에 거울을 봤는데 되게 말라 있는 거예요.

뭔가 잘못되고 있다는 느낌이 들었지만

중학생 다솜의 일상은 학교와 학원이 전부였지만 공부에 재미를 붙이기 시작한 때라 크게 힘들지 않았다. 오히려 일정이 정해져 있으니 식단 조절하기가 편했다. 처음에는 밤 아홉 시에서 열 시쯤에 집에 돌아오면 저녁을 먹지 않고 참았다. 나중에는 점심, 아침까지 세 끼를 모두 걸렀다. 갑작스러운 식단 조절은 엄청난 결과로 이어졌다. 3개월 만에 10kg이 빠졌다. 만족스러웠다. 보기에도 괜찮았고 다이어트에 자신감도 붙었다. 조금 더 열심히 하면 더 좋은 결과가 있을 거라고 믿었다. 그러나 이는 다솜의 착각이었다. 도를 넘은 다이어트는 가족과 주변 사람들에게서 걱정을 샀다.

엄마 아빠도 "너 갑자기 왜 이렇게 살이 많이 빠졌냐." 주위에서도, 이제 그분들께서는 걱정을 해 주신 건데 저한테는 그게 되게. 평생을 칭찬 쪽으로, 긍정적인 말만 듣다가 그런 부정적인 말을 들으니까 되게 눈치 보는 게 쌓이고. 내가 보기에도 '내가 너무 말랐나?' 그 생각도 좀 들고. (…) 자신감도 없어지고…….

뭔가 잘못되고 있다는 느낌이 들었지만 멈출 수 없었다. 다시 살이 찌는 건 무서웠다. 고등학교 3년은 거식증으로 넘어가는 과도기였다. 음식을 먹지 않고 몰래 버리다 부모님께 들켜 혼이 나고 체력이 바닥까지 떨어져도 몸에 대한 집착, 특히 배에 대한 집착이 그 모든 걸 이길 만큼 강했다. 거울 속 자신의 모습이 너무 말라 심지어 불쌍해 보이는 것 같았지만, 배가 나오는 것만큼은 참을 수 없었다.

친구들과 더 가까워지고 싶어서 시작한 다이어트는, 아이러니하게도 다솜을 더 외롭게 만들었다. 전처럼 조용히 책을 읽거나 자기만의 시간을 보낼 수도 없었다. 반 친구들이 무서워졌다. 그들이 자신을 어떻게 볼지 알 수 없었다. 이상하고 더러운 애라고 생각할 것 같아 창피하기까지 했다. 급식 시간은 너무나 끔찍했다. 허용할 수 있는 음식이 점점 줄어들면서 먹는 방법도, 모습도 이상해졌다. 돈가스가 나오면 튀김옷과 비계를 떼어 내느라 정신이 없었다. 급식실에 앉아 있는 자신을 떠올리면 이상하게 쳐다보고 있을 시선들이 함께 떠올라 창피하고 부끄러웠다.

되게 음침하고 이상한 애로 보지 않았을까요? (뭐가 제일 창피했을까?) 일단 내가 너희처럼 정상적이지 않다는 거? 그 생각을 항상 가지고 있었기 때문에 그게 제일. 음, 그걸 들키고 싶지 않은데 이미 다 알고 있는 것 같아서?

이상하게 보일 걸 알았지만 그만두고 싶지 않았다. 그만둘 수 없었다. 하루 종일 앉아서 공부만 해야 하는데 먹는 것을 조절하지 않으면 살이 찔 수밖에 없으니, 어떻게든 참고 또 참았다. 나중엔 몸이 적응했는지 힘들지도 않았다. 대학에 가면 운동도 시작할 거고 돌아다닐 일도 많을 테니 조금 더 편하게 먹을 수 있지 않을까 싶었다.

하지만 마음 한구석에서는 '혹시나' 하는 의심이 피어나고 있었다. 정확히 기억나지는 않지만, 언제부턴가 거식증이 무엇인지 찾아보기 시작했다. 처음에는 거식증 증상에 해당하지 않는 부분에 집중하며 '나는 다르니까, 이 정도는 아니니까 거식증은 아닐 거야.'라고 다독였다. 그러나 시간이 흐를수록 의심은 커졌다. 해당하지 않는 부분보다 해당하는 부분이 많아지기 시작한 때부터였을까.

근데 내가 어느 순간부터 계속 음식을 다 씻어 먹고 있고, 야채만 먹고 있고, 지방이 들어 있는 음식을 보면 너무 막 끔찍하게 느껴지고. 음, 그리고 고등학생 때 다른 애들하고 많이 생활하다 보니까 다른 애들하고 내가 너무 다르게 행동하고 있고 그런 거? 그런 것들이 종합되면서 '내가 진짜 거식증인가?' 그렇게 생각이 들었던 것 같아요.

'거식증'이라는 단어를 접한 적 없었던 부모님은 다솜의 건강에 문제가 생긴 건 아닌지 걱정했지만, 너무 마르면 건강에 좋지 않으니 더 먹으라고 말할 뿐이었다. 스무 살, 대학에 가면 모든 게 괜찮아질 거라고 믿었던 다솜은 학교 계단을 오르내리는 것조차 버거웠다. 조금만 움직여도 쓰러질 것처럼 어지러웠다. 거식증 기준에 얼마나 부합하는지는 더 이상 중요하지 않을 만큼 몸이 망가졌다. 당시 다솜의 몸무게는 26kg이었다.

더 이상 안 되겠다. 그땐 내가 거식증인지 아닌지가 별로 중요하지 않았어요. 그때 당시에는 그냥 너무 힘들어서, 너무 힘들어서 뭐라도 해야 될 것 같은데, 그래서 그때 이제 병원 알아보고 엄마한테 병원 가야 될 것 같다고.

세상에서 자꾸 숨는 것
중고등학생 때는 음식이 끔찍하다고 생각해도 먹고 토

하는 '제거형'*은 아니었다. 학교와 학원에서는 먹지 않았다. 집에서는 씹뱉(씹고 뱉기)을 했다. 음식이 몸에 들어오기만 해도 살이 찔 것 같았고, 살찐 모습을 상상하는 것만으로도 끝없는 불행처럼 느껴졌다.

여기서 더 살이 찌면 내가 너무 못생겨질 것 같고, 막 그 생각을 하면 이제 내가 불행해질 것들이 계속 떠오르는 거죠. 나도 살찐 내 모습이 싫을 것 같고 예쁜 옷도 못 입을 것 같고 다른 사람들도 '쟤는 좀 통통하네?' 그렇게 생각할 것 같고.

그래도 그때까지만 해도 병원에 가면 금방 괜찮아질 줄 알았다. 병이라면 치료할 수 있을 테니까, 치료를 받으면 예전으로 돌아갈 수 있을 거라고 믿었다. 그러나 다솜의 섭식 장애는 치료 과정에서 다양한 형태로 변하기 시작했다. 거식증은 폭식증으로, 폭식증은 제거형 폭식증으로.

제거, 즉 구토 행위가 동반되자 집 앞 슈퍼를 갈 때에도 마음의 준비가 필요했다. 먹는 시간, 토하는 시간, 사람들과

---

* '제거형'이란 음식을 섭취한 후 구토를 하거나 설사제/이뇨제 등을 복용함으로써 보상 행동(제거 행동)을 하는 경우를 가리킨다.

이야기 나눌 시간 등 무엇 하나 계산해 두지 않으면 불안했다. 그러다 보니 어디에도 가지 않게 됐고, 나중에는 갈 수 없었다.

결국 섭식장애는 다솜의 유일한 친구이자 전부가 되었다. 살이 빠지면 친구들과 더 잘 지낼 수 있을 거라고 기대했지만 곁에 남은 건 섭식장애뿐이었다. 자신의 행동이 친구들과 다르다는 걸 알게 된 후부터는 누군가와 '함께'하는 일이 두렵고 무서웠다. '혹시나 섭식장애를 알고 있는 사람에게 들키지 않을까? 섭식장애를 모르더라도 내 행동이 이상하다고 생각하면 어떡하지?' 하는 생각을 떨치기가 어려웠다. 거울 속의 모습은 전보다 훨씬 날씬해졌지만, 만족스럽지 않았다. 그 이면에 있는 섭식장애 때문에 당당할 수도 없었다.

(다솜 님은 '섭식장애 환자의 삶'이라고 하면 어떤 게 제일 먼저 떠올라요?) 일단 세상에서 자꾸 숨는 거? 밖으로 나가기도 무섭고, 나가기도 싫고, 나는 그냥 여기서 내 섭식장애랑 같이 폭식을 하든 거식을 하든 있어야 하는데, 폭식이든 거식이든 일단 집에 있어야 가능하잖아요. 밖에 나가면 할 수 없는 것들이니까. 그러니까 그냥 집에 있는 게 제일 안심되는 거?

하지만 나중에는 집에서마저 숨어야 했다. 음식을 씹고 뱉는 모습을 들킨 후로 부모님의 태도는 걱정에서 질책으로 바뀌었다. 들키는 횟수가 늘어날수록 부모님과의 관계는 틀어지기만 했다. 당시 다솜은 자신의 상태를 어떻게 설명해야 할지 몰라 그저 죄송하다고만 했다. 어머니의 반응은 특히 비수가 되어 마음에 꽂혔는데, 상처받은 마음을 달래 준 것도 결국 섭식장애였다. 아무 생각이 들지 않을 때까지 먹고, 살이 찔까 두려워서 다시 뱉고, 들키고, 악순환의 반복이었다.

들킬 때마다 매번 혼났죠. 너는 안 그래도 말라비틀어진 애가 먹지도 않고 뭐 한 거냐고, 음식 낭비고 돈 낭비고 그럴 거면 먹지 마, 굶어, 죽어. 진짜 화나셨을 땐 그런 말씀도 하셨고. 그럴 때마다 항상 이제 엄마는 화내고 저는 막 혼나고 짜증 내고 그러다 결국엔 어쨌든 내가 죄송해야 하고 그런 패턴?

다솜에게 섭식장애는 어쩔 수 없는 것이었다. 불가항력의 존재였다. 마른 몸을 유지하는 건 사람들의 호감을 얻기 위해 반드시 지켜야 하는 규칙과 같았다. 지킬 수 없는 약속을 반복하면서 다솜은 확신했다. '나는 잘못하고 있구나. 내가 잘못했구나. 그러니까 더 철저히 숨기고 완벽히 해야겠구나.' 들키지 않도록 조심하고 또 조심했다. 다솜의 방문은 아주 늦은 밤이나 이른 새벽을 제외하곤 늘 굳게 닫혀 있다. 마음도 마찬가지였다. 이해받지 못하는 것은 괜찮았지만, 그렇다고 날 선 비난까지 감당하기는 힘들었다. 그래서 기대하지 않기로 했다. 이해받을 수 있다거나 위로받을 수 있을 거라는 희망은 헛된 것이라고. 섭식장애를 지키기 위해서라면 혼자가 되어도 상관없었다.

언제 토하는 모습을 들킬지 모르는데, 언제 그것 때문에 혼나고 싸우고 소리칠지 모르는데. 그때 가서 다시 나빠지고 냉랭해지고 또 용서를 빌어야 하느니, 차라리 처음부터 좋은 사이로 지내지 않을 거야. 처음부터 삐딱하게 대할 거야. 그래야 그때 가서 망설임 없이 소리치고 따지고 외면할 수 있으니까. 그래, 그럴 줄 알았어. 나에 대해 뭘 안다고. 그렇게 생각할 수 있으니까. 어차피 언젠가는 또 들킬 텐데. 가족은 내 대부분을 알고 있는 존재이면서, 동시에 언제든 모든 걸 들킬 수 있는 존재니까. (다솜의 일기)

　다솜은 자신의 섭식장애가 지나친 다이어트 때문이라고
생각했다. 당연한 이야기였다. 살을 빼다 보니 더 빼고 싶었
고 더 빼기 위해선 더 극적이고 공격적인 방법이 필요했다.
유일하게 먹는 한 끼마저 양을 더 줄여야 한다고 생각했다.
견딜 수 없이 힘들거나 어지러울 땐 씹고 뱉었다. '몸속에 쌀
한 톨도 들어가면 안 돼!'라는 마음이었다. 점점 뇌가 이상
해지는 것 같았다. 먹지만 않을 뿐 머릿속은 온통 음식 생각
으로 가득했다. 씹고 뱉어도 일단 음식이 입에 들어오면 행
복했고, 씹는 상상만으로도 즐거웠다. 동시에 음식을 삼켜
소화하는 일은 너무나 끔찍했다. 끔찍하면서 즐겁다니, 뇌에
큰 문제가 생긴 게 아닐까 싶었다.

　내 뇌에 문제가 생긴 건가? 호르몬에 이상이 생긴 건가?
그런 쪽으로 생각을 했었어요. 내 뇌가 음식에만 반응하
는 건가? 즐거움을 담당하는 그런 호르몬이, 막 도파민이
나 이런 게, 음식이 들어갈 때만 나오도록 이상해진 건가?
그 생각을 했었거든요.

　지나치게 굶어 식욕이 폭발하면 어김없이 음식을 씹고
뱉었다. 몸은 맛만 보고 빼앗긴 느낌이었을 것이다. 이미 자

극된 미각과 식욕은 충족되지 못한 채로 방치되었고, 어떻게든 결핍을 메우기 위해 머릿속으로라도 음식 생각을 이어 갔다. 먹고 싶은 메뉴들이 둥둥 떠다니면 섭식장애가 튀어나와 제지하는 사이클의 반복이었다. 다른 일들은 생각나지도 않았다. 공부나 친구를 만나는 일과 같은 일상은 이미 잃어버린 지 오래였다. 기본적인 욕구를 빼앗긴 삶은 그 외의 어떤 흥미나 재미를 찾지 못했다. 전부 사치였다.

지금의 나는 먹는 거를 생각할 때, 기대할 때, 폭식을 기다리고 그럴 때 제일 생기가 도는 것 같은데. 내가 이거(폭식)를 못 하게 되면 너무 무기력하고, 그냥 계속 무기력하기만 할 것 같고. 음······. 그런 상태가 계속될까 봐? 무서운 거······. 살찔까 봐 무서운 것도 좀······.

다솜이 제 발로 병원에 간 건 몸이 너무 힘들어서이기도 했지만, 극단적으로 상반되는 생각과 감정이 자신도 답답해졌기 때문이다. 먹으면 안 되는데 자꾸 먹는 걸 생각하고 그 생각을 멈출 수 없으니 '뇌'의 문제라는 생각, '뇌'만 치료하면 된다는 생각이 점점 더 커졌다. 다이어트를 그만둬야 한다거나 살을 찌워야 한다는 생각은 없었다.

저는 사실 처음에 병원을 고를 때는 그 생각이 컸어요. 뇌에 뭔가 이상이 있는 거 아닐까? 심리가 아니라 진짜 정신적인 문제로? 그런 쪽으로 봐야 되는 건가? 한편으로는 여전히 살이 찌기 싫고 그러니까 어떻게 살이 찌지 않고 나을 수 있을까 그게 너무 궁금한 거예요. 그래서 심리 쪽을 전담하는 곳보다는 진짜 막 검사하고 그런 쪽으로 가고 싶었어요.

병은 약이 있고 치료할 수 있는 거니까

병원에 가기로 마음을 정하고 섭식장애 전문 병원에 관한 정보나 후기를 정말 많이 찾아봤다. 처음에는 집에서 가까운 곳으로 가고 싶었지만, 섭식장애 전문 병원은 전부 서울에 있었다. 일반 정신건강의학과나 대학 병원에 가면 자신의 상태나 증상을 제대로 설명하기 어려울 것 같았다. 가능하다면 섭식장애를 전문으로 하는 곳에 가고 싶었다.

처음에 찾아볼 때 병원에, 그냥 정신과 아니면 되게 포괄적인? 그런 데 가면은 치료 과정도 그렇고, 그분이 나를 어떻게 볼까도 무섭고. 일단 저 자체가 말을 못 할 것 같으니까. 그래서 섭식장애 그런 걸 전문으로 하는 곳에 가고 싶어서 막 찾아봤었죠.

몇 군데 후보 중에 검사, 약물, 상담까지 모두 가능한 곳으로 정했다. 비용도 비용이지만 혼자 가기 두려웠기 때문에 부모님께 말씀드려야 했는데, 다솜은 병원을 찾거나 가는 일보다 부모님께 말하는 일이 훨씬 어려웠다. 섭식장애 이야기를 꺼내면 혼나고, 싸우고, 관계가 틀어지기만 했기 때문이다. '허락해 주시지 않으면 어떡하지?'라는 걱정도 있었다. 아니나 다를까, 병원에 가고 싶다는 말에 엄마는 "꼭 병원에 가야 해? 그냥 잘 먹으면 되잖아?"라며 부정적인 반응을 보였다. 그래도 몇 년간 혼자 힘들어하던 딸이 처음으로 요청하는 도움을 마냥 내칠 수 없었던지 병원에 함께 갔다.

다솜에게 내려진 진단은 '신경성 식욕부진증'*이었다. 어느 정도 예상한 결과였기에 다솜은 병명을 듣고 '역시 그랬구나!'라고 생각했다. 병이라는 건 약이 있고 치료할 수 있다는 뜻이니까 안심이 되기도 하고 희망적인 마음이 생기기도 했다. 끊임없이 반복된 엄마와의 갈등이 해소되지 않을까 하는 기대, 그러니까 엄마에게 더 이상 오해받거나 비

---

* 흔히 '거식증'이라 알려진 섭식장애 유형 중 하나로 살을 빼려는 지속적인 행동, 체중 감소, 음식과 체중에 대한 부적절한 생각이나 집착, 살이 찌는 것에 대한 강한 두려움 등이 주된 특징이다.

난받지 않을 수 있을까 하는 기대도 있었다. '병'이라고 인정받은 거니까.

그런 마음도 있었어요. 어쨌든 병으로 진단을 받은 거니까 엄마한테 좀……. '엄마 봤지? 내가 그렇게 못돼 처먹고 엄청 이상하고 더럽고 그런 애라서 그런 게 아니라 병이라잖아.'

돌아가는 것도, 나아가는 것도 싫어

치료는 '식사 일지'를 중심으로 이루어졌다. 처음에는 일주일에 두 번, 식사 일지를 놓고 하는 상담과 미술 치료를 번갈아 받았다. 하지만 2주 정도 다녀 보니 비용이 너무 부담스러워서 미술 치료는 계속 이어 갈 수 없었다(두 치료 모두 1회 50분에 10만 원이 넘었다). 상담 비용도 부담스러운 형편이었지만, 당시 부모님이 운영하던 가게를 접고 받은 돈이 있었기 때문에 다행히 약 1년간 치료를 받을 수 있었다.

학습지 같은 거 같이 써 보거든요. 그분은 이제 거식증을 캐릭터나 인물로 표현하셔서 '거식증에게 무슨 말을 해 주고 싶어?' 이런 거를 쓰고 그것 좀 보고. 아님 '너에게 무슨 말을 해 주고 싶어?' 30분 정도는 그거 하고, (나머지) 30분 정도는 식사 일지 써 온 거에서 이번 주에 어떻게 했는지 체크하고 다음 주에 어떻게 할지 정하고 그렇게 했었어요.

치료 초반에는 살을 찌우는 게 최우선이었다. 작은 계단 하나 오르내리기 힘든 상태였기 때문에 다솜 역시 30kg대까지는 열심히 치료에 임했다. 몸무게가 늘어도 심하게 불안하거나 거부감이 들지 않았다. 상담사가 엄마에게 메뉴 구성이나 양 등 여러 방법을 전달해 집에서도 치료가 이어졌다. 먹고 싶지 않을 땐 엄마가 덜어 준 음식을 몰래 휴지에 싸서 버리기도 했지만, 치료를 중단하지는 않았다. 그렇게 1년이 지나자 9~10kg 정도가 늘었다. 35kg이 되었을 땐 혼자서 병원을 오갈 수 있게 됐다.

(치료가) 확실히 도움이 됐죠. 그거 아니었으면 죽었을지도 모르니까. (…) 근데 35kg에서 42kg 그 구간이 되게 상담 샘은 어떻게든 (먹는 양을) 늘리려고 하고, 저는 어떻게든 안 먹으려고 하고, 그럼에도 불구하고 몸무게는 조금씩 올라가는? 그런 구간이었어요.

문제는 그때부터 시작이었다. 죽기 직전이었던 몸이 조

금씩 무게와 힘을 얻어 가면서 다솜은 불안해지기 시작했다. 이대로 계속 치료를 이어 가면 끝도 없이 살이 찔 것 같았다. 가능한 한 40kg대 초반을 유지하고 싶었다. 위험하니까 너무 빠지는 것도 싫었지만, 찌는 건 더더욱 싫었다. 배가 나오는 것이 무서웠다. 더 먹고 싶지 않았다. 그렇다고 치료를 중단할 수는 없었다. 다솜도 자신의 시고방식이 그대로임을 알고 있었기 때문이다. 멈추면 다시 예전으로 돌아갈까 봐 두려웠다. 돌아가는 것도, 나아가는 것도 전부 싫었다. 다솜은 여전히 섭식장애와 함께였고 함께이고 싶었다.

저는 살이 많이 찌지 않고 사는 방법을 제일, 그거만 중요시해 가지고 심리 학습지 하는 거나 그런 거를 중요하게 생각하지 않았어요. 그냥 '어떻게 하면 내가 40kg 초반대를 유지하면서 살 수 있을까, 살이 쪄도 40kg 초반대를 유지하면서 쭉 살 수 있을까?'

당연한 이야기지만, 치료 과정 내내 이어진 다솜의 이런 생각들은 결국 치료에 방해가 되었다. 거식증으로 진단받은 다솜이 살을 찌우지 않고 낫는다는 건 말이 안 되는 일이었다. 그렇게 제 몸 하나 가누기 힘들어 시작한 치료는, 26kg이었던 몸무게가 38kg가 된 시점부터 의미가 없어졌다. 음식 생각을 멈출 수 없었다. 없다 못해 '먹토(먹고 토하기)'라는 새로운 세계, 아무리 발버둥 쳐도 자꾸만 아래로 가라앉는 늪에 빠지는 계기가 되고 말았다.

거짓말로 뒤덮이는 치료

몸무게가 40kg대에 진입했을 때, 이른바 '피어푸드(Fear Food)' 즉 먹기 두렵거나 먹으면 안 된다고 생각하는 음식을 먹어 보는 치료가 시작되었다. '햄 한 조각 먹어 보기'부터 '짜장면 먹어 보기'와 같은 도전들이었는데 다솜은 이 과정에서 먹토를 시작하게 되었다.

피어푸드라고 그러나? 그런 걸 (먹는 연습을) 했었는데 하다가 살찔까 봐 무서워서 토한 거, 그걸로 시작이 됐었어요. (…) 처음 하고 나서 '되게 좋은 방법인데? 아, 이거다!' 이거에 생각이 꽂혀 있었어 가지고…….

처음 먹토를 알게 된 건 놀랍게도 상담을 통해서였다. 상담사가 다솜에게 "너는 토하지 않아서 다행이다. 잘된 거다."라고 말한 적이 있다. 어느 날 음식을 삼키자마자 몰려오는 두려움 속에서 그 말이 번쩍 떠올랐다. 살이 찔 것 같고, 벌써 배가 나온 것 같고, 어찌할 바를 모르는 상태에서 다솜은 화장실로 달려가 먹은 걸 게워 냈다. 두세 번쯤 토했을 때 상담사에게 토했다고 솔직하게 말했지만, 치료 방식은 달라지지 않았다. "이번 주에는 토했어요?"라는 질문이 추가 됐을 뿐.

토하면 안 된다는 걸 알았지만 멈출 수 없었다. 도전해야 하는 음식은 계속 늘어났고, 식사 일지도 꼬박꼬박 써 가야 했다. 상담에서는 다솜이 왜 먹은 것을 토하는지, 왜 살이 찌는 게 두려운지, 마음이 어떤지보다 식사 일지나 학습지가 더 중요했다. 적어도 다솜이 느끼기엔 그랬다. 그래서 병원을 오가는 내내 숙제가 쌓이는 느낌이었다. 쌓이고 쌓여 거짓말로 해결할 수밖에 없었다.

항상 숙제를 받아 가는 느낌이었는데 아무래도 제가 거짓말을 했었던 그 시기가 가장 힘들었죠. 그때 나는 가서 토를 했어, 토를 많이 했는데 여기 와서 한두 번이라고 거짓말을 했고 그 숙제를 받아 간 것도 사실 거의 하나도 안 했는데, 그래도 조금은 했다고 그렇게 말을 했어.

식사 일지만이 아니라 상담사에게도 거짓말을 했다. 자신을 어떻게 볼지, 혼나는 건 아닐지 두려웠다. 상담을 받아도 더 이상 나아질 것 같지 않았다. 몸무게는 늘었지만, 전부터 갖고 있던 음식에 대한 집착이나 음식의 양, 종류, 시간에 관한 강박은 여전했다. 한 달에 몇백만 원을 내고 받는 치료를 제대로 해내지 못하고 있다는 죄책감이 추가됐을 뿐이었다. 특히 음식을 몰래 버리고, 토하고, 거짓말로 일지와 상담 시간을 채우는 자신이 정말 나을 수 있는지에 대한 의심이 들기 시작했다.

상담 선생님도 어떻게 보면 (섭식장애를) 안 겪어 보신 분이니까 더 깊게 말하지 못한 것도 있거든요. 왜냐면 그분이 알고 있는 섭식장애 증상이 이만큼인데 '내가 그것보다 더 이상한 증상을 가지고 있으면 어떡하지? 날 이상하게 보면 어떡하지?' 그런 생각이 항상 있었거든요.

상담사는 속일 수 있었지만, 엄마를 속일 수는 없었다. 집에서 음식을 버리다 들키면 "그럴 거면 치료를 왜 가냐, 상담 가는 게 무슨 의미가 있냐."라는 말을 몇 번이나 들었다. 처음 병원에 갔을 때 느꼈던 희망은 마치 존재하지도 않았던 것처럼 본래의 일상으로 돌아왔다. 돌아온 곳에는 섭식장애에 관한 이야기를 나눌 사람도, 다솜을 제어해 줄 수 있는 그 무엇도 없었다. 강제로 식사를 할 필요도, 식사 일지를 쓸 필요도 없었다. 마음대로 먹고 토할 수 있었다. 그렇게 다시 섭식장애와 나, 둘만의 세상으로 돌아왔다. 일종의 자유였다. 섭식장애 안에서만 가능한 자유.

도돌이표처럼 처음으로 돌아와서

상담을 그만두고 네다섯 달 동안 폭식과 구토의 횟수가 기하급수적으로 늘었다. 하루에 몇 시간씩 먹고 토하기를 반복했다. 집에서는 들킬 위험이 커서 할머니 댁에 가기 시작했다. 할머니 댁에는 빵, 두유, 우유, 김밥, 시리얼 등 여러 가지 음식이 있었고, 다솜이 무엇을 하든 아무도 신경 쓰지 않았다. 눈치 볼 필요가 없었다. 다솜은 하루 일과처럼 할머니 댁에 가 두세 시간씩 먹고 토했다. 가끔이지만 몇 번은 혼자 멈춰 보려고 시도하기도 했다. 그러나 채 하루도 가지 않고 도돌이표였다. 그렇게 반복하다 보니 '정말 나을 수 있나? 낫는 게 가능한가?'라는 의심이 커졌다.

'아, 너무 힘들어. 치료를 받아 볼까?' (해서) 치료를 받았는데 난 여전히 이 생각(섭식장애)에 갇혀 있고, 이 생각이 가장 편안하고, 밖에 나가는 것도 무섭고. 처음, 정말 용기를 내서 치료를 시작했는데 치료가 잘 안되니까 치료받는 것도 싫고, 이런 나도 싫고, 뭔가를 더 시도하는 것도 싫고. 어차피 다시 돌아올 거고 다시 힘들 거고 어차피 이대로일 거야. 그러니까 그냥 거기서 멈추는 거죠.

섭식장애와 단둘이 지내면서 다솜은 섭식장애가 주는 좋은 점에 집중하기 시작했다. 함께하면 편안하고 안정적이다. 섭식장애 때문에 가족, 친구들과 멀어졌고 다시 사회로 나가는 게 두렵지만 이대로 어디도 가지 않는다면 마냥 나쁘지 않다고 생각했다. 오히려 섭식장애를 놓으면 더 힘들어질 것 같았다. 상상만 해도 무기력하고 공허했다.

몸과 살에 관한 생각이나 다이어트가 갖는 의미에 대해선 다루지 않고 제대로 된 마무리 없이 끝난 치료는, 다솜이 섭식장애에 더 집착하는 계기가 되었다. 상담사에게 자신의 상태나 감정을 솔직하게 털어놓을 수 없었고, 가족들에게 진심으로 이해받지도 못했다. 결국, 끝에 남은 건 섭식장애만이 나를 달래 주고 기댈 수 있는 존재라는 확신이었다.

음, (섭식장애를) 놓는다는 게 못 한다는 거잖아요. 폭식이랑 토랑 그런 거를? 하고 싶어서 미칠 것 같이 그렇게 될 것 같고, 계속 그 생각만 하게 될 것 같고. '언제 할 수 있을까? 진짜 못 하나? 와 진짜 너무 하고 싶은데.' 이런 생각도 계속 들 것 같고, 무기력해질 것 같고. 좀 그런 것들이 무서움이죠. 놓게 됐을 때.

물론 다솜은 진실을 알고 있다. 섭식장애가 자신을 위하는 게 아니라는 것쯤은 누구보다 잘 안다. 섭식장애와 함께하면 평생 혼자 살아야 할지 모른다는 것을 알고, 섭식장애가 삶에 깊이 들어올수록 사회에서 멀어질 것을 안다. 실제로 섭식장애를 앓게 된 후부터 지금까지의 삶이 그러했다. 하지만 지금 당장 섭식장애가 주는 안정감과 즐거움을 놓고 싶지 않다. 사람들은 먹고 토하는 게 무슨 즐거움이고 행복이냐고 하지만 다솜은 섭식장애를 통해 스트레스를 풀기도 하고, 하기 싫은 일을 할 때 폭식할 생각을 하면 조금 더 버틸 수 있었다.

한 가지로 특징 짓기가 어려운 것 같아요. 폭식을 하는 거는 그게 지금 내 생활에 있어서 제일 즐거움을 주는 거라서? 토를 하는 거는 제가 살찌는 게 무서워서 그런 게 제일 클 것 같은데, 또 왜 살이 찌는 게 싫냐고 하면 내가 완벽해지고 싶은 그런 마음이 있는 것 같고.

다솜은 인터뷰에 참여하면서 자신이 관계 맺기에서 '외모'를 중요하게 생각한다는 사실을 알게 됐다. 말을 잘하는 편도, 활발하게 다가가는 성격도 아니므로, 타인의 호감을 얻으려면 일단 호감을 살 만한 외모를 가져야 한다고 생각했다. 그 때문에 다이어트를 놓지 못했고 여전히 그렇다. 폭식할 때는 취업이나 공부, 자격증 같은 일을 잊을 수 있었고 그로 인한 압박감에서 잠깐이나마 벗어날 수 있었다. 토할 때는 그저 속에 있는 음식을 게워 내는 데만 집중하면 된다. 토한 후에는 개운함과 함께 피로감에 젖어 잠이 든다. 그게 이상하게 위로가 된다.

누가 "힘들어?"라고 물었을 때 "나 너무 힘들어."라고 하면 사실 빨리 빠져나가는 게 맞는 거잖아요. 논리적으로는. 근데 돌아보면, 되게 힘들었어. 지금도 힘들긴 한데 사실 이게 편하기도 해, 이게 익숙하니까. "그냥 힘든데 편해. 돌아보면 힘든데 막상 하고 있을 땐 힘든 줄 모르겠어." 그렇게 말할 것 같아요.

뜬구름 잡는 소리라고 해도 낫고 싶어

이미 익숙하다고 해서 완전히 포기한 건 아니다. 다솜은 나와 상담을 하는 동안 그간 미뤄 왔던 일들에 하나둘 도전했다. 먹고 토하면서도 학교에 복학해 열심히 공부하고 있고, 교내 근로를 하며 생활비를 충당하고 있다. 자신의 섭식장애를 이해하기 위해 일기도 쓰고 있다. 어떻게 하면 나을 수 있을지 계속 고민하고 있다.

지금 이 생활이 익숙하고 안정감을 느끼고 가끔 만족감을 느끼고 그렇긴 하지만 때때로 힘듦을 느낄 때 '아, 그래도 나는 일기를 쓰고 있지. 솔 님(나)이랑도 이야기를 하고 있지.' 그런 걸 생각하면서 '언젠가 나을 수 있지 않을까.' 하는 희망이 있는데 내가 못 낫는다고 하면 그게 다 사라져버리는 거니까.

'완치'는 희미하게만 느껴진다. 그래도 낫고 싶기에 다솜은 자기만의 기준을 세우기 위해 노력 중이다. 언제 다 나을지, 어느 정도가 다 나은 건지, 어떻게 해야 섭식장애에 관련된 생각들이 사라질 수 있을지는(사라져야 하나?) 아무도 모른다. 확실한 건 아무것도 없다. 그리고 그게 당연하다고 생각한다. 다솜의 섭식장애는 다른 누구의 섭식장애와도 같지 않으니까.

집에 혼자 있을 때 어쩌다가 생각이 나도 '아, 그래도 이것보단 다른 게 낫지.' 하면서 다른 걸 할 수 있는 정도? 다른 걸 했을 때 거기서 즐거움을 느낄 수 있는 정도? (…) 그 정도 됐을 때 자유로움을 좀 느끼지 않을까요.

인터뷰 후 다솜은 용기를 내 교내 동아리 활동을 시작했다. 섭식장애와 함께하는 세상에서 한 발짝 나아가 새로운 사람들과 교류하고 있다. 먹고 토하는 날들이 이어진다고 해도 자신을 고립시키지 않겠다는 마음으로. 완치는 여전히 뜬구름 잡는 얘기처럼 멀게 느껴지지만, 나은 사람들이 있으니 세상에 존재한다는 건 확실하다. 그러니 계속 손을 뻗어 보려 한다. 존재해도 잡히지 않는 것들이 있으니까. 나는 다솜이 잡히지 않는다는 이유로 포기하지 않길 바란다.

3년 후의 우리

　2021년, 어색하면서도 반가웠던 오프라인 인터뷰 이후 다솜과 나는 잠깐 연락을 하지 않고 지냈다. 그사이 다솜은 첫 직장을 다니다 퇴사했고, 꽤 길었던 첫 연애도 마무리했다. 간간이 안부를 주고받았지만, 구체적으로 어떻게 지내는지 알게 된 건 2024년이 되고 내가 서울로 올라온 뒤였다. 서울에 간다는 소식에 다솜은 다시 상담을 받고 싶다고 말했고, 우리는 3년 만에 만났다. 함께한 논문이 책으로 출간된다는 소식에 무척 기뻐해 주었던 다솜은 이 인터뷰에도 흔쾌히 응해 주었다.

　——인터뷰에 참여해 섭식장애 이야기를 하는 경험이 다솜 님에겐 어땠어요?

　그렇게 얘기해 볼 경험이나 기회가 없었으니까 되게 낯설기도 하고 그래서 말하는 데 많이 망설였던 것 같거든요. 어쨌든 초반부터 현재까지의 이야기를 쭉 해 보는 거니까 좀 후련하기도 했었고, 말하면서 나 자신을 용서하는 기분도 조금 들었던 것 같아요. 말하면서 '나는 그때 내 나름대로 최선의 선택을 한 거였어.'라는 생각이 들었어서…….

　——그랬구나. 그럼 지난 3년 동안 뭔가 변한 게 있을까

요? 달라진 게 있다면?

사실 이렇게 생각하게 된 지는 3년도 아니고 그나마 세 달 된 것 같은데. 그래도 내가 나으려고 뭔가를 하고 있다는 생각을, 인터뷰 전에도 치료나 상담은 받았었지만 그때는 그런 생각을 못 했거든요. 비교적 최근에 '그래도 내가 뭔가를 하고 있고 아무것도 안 하고 있는 건 아니다!'라는 생각을 비로소 좀 가지게 된 것 같아요. 그게 변화라면 변화?

——오, 어떻게 비로소 갖게 됐을까?

그때는(3년 전에는) 항상 지금이 제일 중요하고 지금을 기준으로 판단해야 한다는 생각이 있었어서, 내가 지금 당장 섭식장애가 그대로 있고 막 눈에 띄는 뭔가를 하고 있지 않다고 느껴지니까? 고치기 위한 직접적인 행동들을? 그러니까 (나 스스로) 나으려고 하지 않는 것 같다는 생각이 있었는데, 지금은 '예전부터 지금까지'의 과정을 좀 더 인식하게 된 것 같아요. 어쨌든 전보다는 내가 지금 나아졌고, 뭔가를 더 할 수 있게 됐고, 처음보다는 다른 것들을 많이 하고 있으니까 그런 것들을 근거로 삼을 수 있게 된 것 같아요. 이 상태로 여기에 안주해 버리지 않을까 하는 두려움도 조금 있긴 하지만, 그래도 어쨌든 제가 변해 왔다는 것도 부정할 수 없는 사실이니까 좀 더 넓게 볼 수 있게 된 것 같아요.

상담사로 일하면서 섭식장애로 힘들어하는 분들을 만날 때마다 가장 마음 아팠던 부분은, 모두가 숫자나 보여지는 것으로 자신의 노력을 평가한다는 것이었다. 나 역시 증상이 '완전히' 사라져야만 완치나 회복에 대해 말할 자격이 있다고 생각했다. 재발할 때마다 무너졌고, 모든 것이 반복되는 굴레에 갇힌 것처럼 막막했다. 그러나 회복은 직선이 아니다. 정갈한 계단을 올라가는 일도 아니다. 빙글빙글 돌면서 조금씩 나아가는 것. 남과 비교하는 게 아니라 '나'를 제대로 마주하고 지켜봐 줘야 한다. 남들 눈에는 보이지 않는 아주 작은 변화라고 해도 그것이 얼마나 힘들고 어려운지 나만큼은 알아주어야 하지 않을까? 다솜은 이제 그 의미를 알고 방법을 안다.

다른 것들의 우선순위가 조금 더 높아진 것 같긴 해요. 3년 전에도 다행히 그 전보다 더 많은 활동을 하게 되긴 했지만, 지금은 뭔가를 할 때 '내가 이때 폭식해야 하니까 안 돼! 밥 먹고 토하는 시간이 있어야 하니까 이건 안 돼!' 이렇게 금지했던 것들이 훨씬 줄어들었어요.
──그것도 엄청 큰 변화지.

이번에 그걸 조금 느꼈던 게, 제가 교회를 다니는데 교회에서 성회? 수련회 같은 게 있는데, 원래는 교회 자체도 열심히 안 다니고 성회도 거의 안 갔거든요. 근데 어쩌다가 교회 사람들이랑 친해지고 그분들이 많이 설득하셔서 성회에 등록을 하게 됐어요. 근데 등록을 하면 이제 2박 3일을 교회에서 먹고 자고 같이 있는 거거든요. 사실 저처럼 섭식장애를 갖고 있는 사람은 진짜 불편한 거죠. 폭식도 못 하고 토하는 것도 막 화장실 가서 해야 하는데 더 눈치 봐야 하고. 그래서 불편할 것 같기는 했거든요. 근데 내가 막 폭식을 못 하게 되고 토하는 것도 눈치 봐야 하고 이런 것에 크게 구애받지 않고 등록했던 것 같아요. 물론 같이 있는 사람들이 잘 대해 주니까 재밌겠다 싶어서 등록한 것도 있긴 한데, 졸업하고 나서 생각해 보니까 예전이었으면 섭식장애 때문에 절대로 안 했을 일들, 섭식장애로 치우쳤을 마음이었는데 이렇게 내 나름대로 선뜻 등록한 거 보니까 크게 구애받지 않고 했구나 싶어서 좀 기분이 좋았어요.

고립과 단절. 다솜은 섭식장애 때문에 밖에 나가지도, 사람을 만나지도 않았다. 타인에게 먹는 모습을 보여 주는 것이 싫었다. 맘껏 폭식하고 토하는 시간을 빼앗기는 것도 싫었다. 그랬던 그가 이제는 친구들과 여행도 가고, 2박 3일 동안 열리는 성회에도 간다. 가고 싶다. 이 이야기를 들었을 때 얼마나 반가웠는지 모른다. 뭐랄까, 알을 깨고 나온 것 같았달까? 틀을 조금만 깨고 나오면 새로운 세상이 기다리고 있다고, 조금 더 편안하고 너그러운 마음을 느낄 수 있다고 늘 말하지만, 결코 쉽지 않은 일이라는 걸 알고 있다. 그렇기에 내 몫은 늘 '기다리는 일'이다. 섭식장애 환자들의 가족이나 주변 사람들은 급하다. 빨리 괜찮아졌으면 좋겠고 나았으면 좋겠는데, 그게 바람대로 물 흐르듯 이루어지지 않는다. 나는 그들에게 꼭 이야기해 주고 싶다. 결국, 행동하는 것은 본인이니 조급해 마시고 기다려 달라고. (물론 생명이 위험할 때는 살리고 봐야겠지만!)

전에는 어차피 토할 건데 돈 주고 사 먹는 게 아깝고 그러니까 밖에 안 나가고 아무도 안 만나고 그랬었는데, 상담하면서 친구들 만나서 얘기하고 같이 놀고 이런 거를 시도하고 즐거움을 알고 나니까 포기를 못 하겠는 거죠. 이게 너무 즐겁고, 나한테는 내 삶의 되게 중요한 즐거움 중에 하나고, 집에서 막 폭식하고 혼자 누워 있고 이러면서 자괴감 느끼는 것보다 즐거우니까. 그걸 깨닫고 나서부터는 나갈 수 있게 된 것 같아요.

——친구 만나서 안 토할 때도 있어요?

음, 사실 밥이나 제대로 된 식사할 때는 안 한 적이 거의 없는데 밥 먹고 나면 카페에서 디저트 먹잖아요? 거기서 음료 마시고 친구랑 디저트 하나를 반으로 쪼개 먹고 헤어진다고 하면 이 반쪽 때문에 다시 화장실 가서 몰래 토하고 나오는 게 너무 힘든 거예요. 그럴 때는 그냥 안 하고 집에 오기도 해요.

——오, 그럼 저번에 이야기했던 것처럼 친구들 만날 때 밥 먹고 안 토해 보는 연습을 하면 좋겠다. 소화할 수 있는 양도 좀 보고. (같이 웃음)

다솜은 자신이 조절할 수 있는 범위를 조금씩 넓혀 가며 노력하고 있다. 내가 제안할 때도 있지만 다솜이 먼저 "저 이렇게 해 볼까요?"라고 말하기도 한다. 그런 순간들은 참 감사하고 감동적이다. '이렇게 해라, 저렇게 해라, 이렇게 하지 마라, 저렇게 하지 마라.'라는 식의 치료가 아닌 '함께' 고민하며 치료의 방향이나 방법을 찾아가는 일은 오랜 섭식장애 환자였던 나에게도 낯설고 어색하다.

그러나 우리는 그렇게 조금씩 변화해 왔다. 앞으로도 그럴 것이다. 언젠가 상담을 종결하는 날이 오고, 그때에도 여전히 섭식장애의 흔적이 남아 있더라도 우리는 우리의 동행을 후회하거나 무시하지 않을 것이다. 그때는 또 어떻게든 살아 낼 것이며 살아갈 테니까.

———이번에 책 쓰면서 논문을 다시 읽는데 다솜 님 장 마지막 제목이 그거였어요. '뜬구름 잡는 소리 같아도 낫고 싶다.' 그때 다솜 님이 내가 정말 낫고 싶다면 이렇게 하면 안 되는 거 아닌가 싶은 행동을 하고 있어서 다른 사람들이 낫고 싶다는 말을 안 믿어 줄 것 같다고 했었거든요.

맞아요, 그런 생각이었어요.

———지금 물어보면 어떻게 대답할 것 같아요? 나을 수 있을 것 같냐, 낫고 싶냐, 묻는다면?

난 낫고 싶고 한번에 낫는 건 힘들 것 같은데 조금씩 흐려지는 건 가능한 것 같아요. 처음 섭식장애 있었을 때보다 지금은 확실히 흐려졌으니까. 얼마나 걸릴지는 모르겠지만 조금 더, 조금 더 흐려질 수 있을 것 같아요.

———흐려지기 위해서는 뭐가 필요할까요?

저한테는 그게 제일 컸던 것 같아요. 섭식장애가 나한테 그렇게까지 중요한 건 아니라는 걸 알아 가기 위해서 다른 걸 더 해 보고 다른 것도 되게 즐겁고 내가 충분히 행복을 느낄 수 있는 일들이 많구나, 그런 거를 새롭게 또 반복적으로 느껴 왔잖아요. 그렇게 계속 해 나가는 거.

처음 다솜을 화면으로 마주했던 날을 기억한다. 어머니가 상담 내용을 들을까 싶어 몰래 밖에 나와 핸드폰을 울타리 같은 곳에 올려놓고 수줍게 인사하던 모습. 우린 자주 울었고, 셀 수 없이 실패했고, 여전히 섭식장애와 완전히 이별하지 못했다.

그러나 다솜은 그때보다 훨씬 자주 웃었고, 다이어트 강박으로 미루다 못해 포기했던 운동(수영)을 시작했으며, 이 인터뷰를 하던 날엔 다음 날 소개팅을 한다며 들떠서 소개팅 이야기로만 30분을 넘게 보냈다. 인터뷰 후, 다솜은 엄마에게 상담받고 있음을 알렸다. 지켜봐 주었으면 좋겠다고도 말했다. 나는 그 소식을 듣고 부끄럽지만 조금 울었다. 책에다 담을 수 없었던 이야기들이 다솜을 살렸고 나를 살렸다. 우리는 포기하지 않았고 앞으로도 포기하지 않을 생각이다. 나는 다솜이 더 많은 행복과 자유를 누리기를 마음 깊이 바란다. 그럴 자격이 차고 넘치니까. 마지막으로 다솜이 내게 보내 준 메시지를 싣고 싶다.

변화는 천천히 이루어졌다. 그래서 때때로 조급했고, 회의적이었고, 답답했다. 그럴 때 같이 이야기할 사람이 있다는 게 내게는 큰 위로였고, 내가 어떤 상태인지 무엇을 원하고 있는지 계속 생각해 볼 수 있는 시간이 되어 주었다. 직접 무언가를 행동하고 변화시키는 것은 내 몫이지만, 내가 내 마음을 알아차리도록 도와주고, 그것을 상기시켜 주고, 무언가를 하게 될 때까지 기다려 주는 게 우리의 상담이었던 것 같다. 여전히 바뀌는 게 없는 것 같을 때가 많지만, 그래도 자유로워지고 싶은 마음 역시 그대로다. 변화는 느리겠지만, 그래도 괜찮으니 멈추거나 돌이키지 않았으면 좋겠다. (2024.08.29.)

예쁘고 날씬해야만
사랑받을 수 있나요

친구들의 관심과 애정이 좋아서 다이어트를 시작한 다솜의 이야기에 공감하는 분들이 적지 않을 것 같습니다. 저도 상담을 하다 보면 "뚱뚱하면 사람들이 싫어하잖아요. 버림받을 것 같아요."라는 이야기를 자주 듣습니다. 우리는 언제부터 이렇게 '살'에 예민해졌을까요? 다양한 이유가 있겠지만, 요즘은 '미디어'의 영향이 가장 크지 않을까 싶습니다. 미디어에 등장하는 연예인들의 마른 몸이 이상적인 미의 기준으로 제시되고, 그걸 본 이들은 자신의 몸과 거듭 비교하며 불안과 불만을 느낍니다. 미디어를 비롯해 여러 경로로 접한 '마른 몸이 좋다, 말라야 한다.'라는 생각이 마음속에 한번 자리 잡으면 스스로를 연예인뿐만 아니라 주변 사람들과도 끊임없이 비교하게 되고, 이런 비교가 섭식 문제로 이어지는 경우가 많습니다.

'타인의 시선'으로 자신의 몸을 평가한 것은 다솜만이 아닙니다. 인터뷰에 참여한 이들 모두 다른 사람이 내 몸을 어떻게 보고 평가하는지를 중요하게 받아들였고, 그들의 평가에 따라 다이어트에 더 몰두하거나 섭식장애 증상이 더 심해지기도 했습니다. 이런 현상을 가리켜 '대상화'라고 하는데요. 마치 물건처럼 평가하는 대상으로 여긴다는 뜻입니다. 몸은 보여 주기 위한 것도, 평가하거나 평가당하기 위한 것도 아니라는 사실을 꼭 기억해 주세요. 여러분은 어떤 모습이든 존중받아야 할 존재입니다.

　물론 여러분 자신이 마음에 들지 않는 날도 있고, 남들과 비교하고 싶지 않은데 비교하게 되는 날도 있을 거예요. 다이어트 식단에서부터 각종 다이어트 보조제와 시술이 넘쳐 나고 연예인들이 살을 얼마나 뺐는지, 어떻게 뺐는지, 끼니로 무엇을 먹었는지까지 화제가 되는 가운데서 그런 마음이 드는 건 자연스러운 일입니다. 온 세상이 "살을 빼라!"라고 외치는 수준이니까요. 그런 가운데서 다이어트에 휩쓸리지 않기란 결코 쉬운 일이 아니라는 걸 저도 알아요. 하지만 조금씩이라도, 나부터 비교를 멈추고 평가를 멈춰 보는 거죠. 몸이 아닌 내가 가진 다양한 능력이나 취미, 흥미에도 관심을 주고요. 좋아하는 곳에 가고, 편안한 사람들을 만나고, 해 보고 싶었던 일을 하며 시간을 보내는 것부터 시작입니다.

물론 섭식장애는 결코 개인의 문제도, 개인의 노력만으로 해결되는 문제도 아닙니다. 어떠어떠한 몸이 가장 큰 가치를 지니고 있다는 인식부터 바뀔 필요가 있겠죠. 미디어에서는 더 다양한 체형과 몸을 담아내는 노력이 필요하겠고. 사회적으로는 비난이든 칭찬이든 몸이나 외모에 대한 언급을 안부 인사처럼 사용하는 것을 바꾸려는 노력이 필요하겠고요. 무엇보다 가족, 친척분들, 오랜만에 만났는데 외모 평가나 몸 평가 좀 제발 그만해 주세요! "다 잘되라고 그러는 거야."라고 하시는데, 잘되길 바란다면 그저 잘하고 있다고, 응원한다고 말해 주세요. 마음을 더 표현하고 싶으시다면 용돈이 최고입니다.

두 번째 이야기

바다

'나'를 표현할 수 있는 것이 있다면?

"엄마가 제 모습을 한 작은 인형을 가지고 옷 쫙
늘어놓고, 회사별 로고 배지 쫙 늘어놓고, 옆에 제가
모은 돈 쫙 쌓아 놓고, (옷을) 고르면서 절 너무 예뻐하는
느낌. 제가 구체 관절 인형처럼 예뻤으면 좋겠어요."

바다

나이	33세
유병 기간	약 5년
현재 섭식장애 여부	O

사춘기에 접어들기 전, 바다는 아빠와의 사이가 굉장히 좋았다. 아빠가 퇴근해 집에 올 때까지 밥을 먹지 않고 기다렸고, 친척들이 모인 명절에도 아빠가 귀가할 때까지 모두를 기다리게 했다. 어른들은 장손이라며 바다를 귀여워했고 바다 역시 그런 순간들이 좋았다. 그러나 중학생이 된 어느 날, 묻어 두었던 어린 시절의 기억이 갑자기 찾아왔다. 엄마를 향했던 아빠의 폭력이.

여덟 살 때? 아홉 살 땐가? 하여튼 그때 자는 척을 했던 순간을 잊고 살다가 사춘기 때 확 기억이 나는 거예요. 그래서 중2, 중3 때 사춘기를 겪고 고등학교 때는 저는 완전히 엄마 쪽으로 돌아서서, (아빠한테 상처를 주기 위해서) 아빠가 저를 버렸다고 표현을 했거든요.

그 기억들은 바다의 인생을 완전히 뒤바꿔 놓았다. 기억 속의 엄마는 항상 약자였다. 어린 바다는 그런 엄마를 구할 힘도 용기도 없었다. 무서워서 등을 돌리고 자는 척을 했다는 죄책감, 그것은 곧 엄마가 자신을 버리고 떠날지도 모른다는 공포로 이어졌다. 아빠를 이전처럼 대하기가 어려워진 바다는 자기만의 방식으로 아빠와 맞섰다. 뺨이 퉁퉁 부을 때까지 맞고 학교에 가는 날도 많았다. 엄마와 부딪히기도 했지만, 바다에게는 언제나 엄마가 최우선이었다. "너는 아빠 좋아하잖아." 엄마의 무심한 한마디는 엄마의 사랑과 관심에 더 목을 매게 했다. '나는 엄마 편이야.' 엄마가 자신을 미워하지 않을지, 떠나지 않을지 항상 두려웠다.

엄마가 "너 아빠 좋아하잖아. 너 아빠 좋아해서 싫어. 미워." 막 이래요. 그때부터 '아, 엄마한테 버림받지 않으려면, 엄마한테 사랑받으려면 아빠를 더 격하게 미워해야겠다.' 그렇게 돼 버린 거예요.

바다에게 엄마의 외면은 꽤 오랜 역사를 가진 상처였다.

따돌림을 당했던 초등학생 바다는 엄마에게 도움을 요청했다. 엄마는 외면했다. 어른이 된 지금이야 한창 가계가 기울어 힘들었기 때문이라며 이해할 수 있지만, 당시 엄마의 반복된 외면은 바다의 마음을 아프게 했다. 나중엔 몸까지 아팠다. 마음에서 자라난 몸의 병은 병원에 가도 아무 소용이 없었다. 병명이 없다는 것, 다시 말해 '아픈' 사람이 아니라는 이유로 바다의 죄책감은 커지기만 했고 고통은 몸과 마음 곳곳에 뿌리를 내렸다. 버림받고 싶지 않다는 마음은 '엄마를 위한 사람'으로 살겠다는 생각으로 가지를 뻗었다. 바다가 피우는 꽃이나 열매, 그러니까 성취나 성공은 전부 엄마를 위한 것이었다. 바다는 자신을 신생아와 비슷하다고 표현했다. 언제나 엄마가 자신을 봐 주기를 바랐다. 죽을 만큼. 어른이 된 후에도 자신의 욕구보다 엄마의 만족과 인정이 먼저였다. 그것이 사랑이라고 생각했다.

옷을 사거나 핸드폰을 바꾸러 갔을 때도 "엄마 맘대로 해, 엄마가 원하는 거로 해." 다 그렇게 돼 버린 거예요. 그래서 핸드폰을 바꾸러 갔는데 사장님이 "딸내미 걸 무슨 엄마 맘에 드는 거로 사요?" 막 이러는 거예요. (그럼 저는) "그게 제 마음에 드는 거예요." 이럴 정도로 다 맞추고 살았는데.

바다의 부단한 노력에도 불구하고 엄마의 사랑은 항상 부족했다. 아무리 애써도 남동생보다 더 사랑받지 못하는 것 같았다. 가끔은 '나의 탄생이 엄마한테 행복이었을까? 엄마는 나를 낳아서 행복했을까?' 하는 의문이 들기도 했다. 언제든 자신을 두고 떠날 수 있을 것 같은 '엄마'라는 존재 앞에서 바다는 불안하고 두려웠다. 직장인이 되고 자신의 삶을 책임질 능력을 갖추고 난 뒤에도 무엇을 얼마나 더 해야 할까 마음 졸이며 살았다. 그러던 중 직장 상사와의 갈등에 안 좋은 일들이 하나둘 겹치면서 다니던 회사를 그만두고 이직을 준비하게 되었다. 바다는 모든 걸 정리하고 새롭게 시작해야겠다고 다짐했다.

여기를 나가야겠다. 이 업계를 뜨고 싶다는 생각이 있었어요. 나를 다 바꿔야겠다. 지금까지 살아왔던 것처럼 어영부영하면 벗어날 수 없다. 그래서 막 살도 빼고 공부도 하고 진짜 하루를 엄청나게 쪼개서 살 때였어요. 아침에는 운동하고 회사 갔다가 밤에는 공부하고. 진짜 어떻게 그랬는지 모르겠는데, 그때는 술도 아예 안 먹었어요. 친구들도 안 만나고…….

바다는 공부와 운동에 매진했다. 그 모습을 지켜보던 엄마가 한약 다이어트를 제안했다. 어떤 방식으로든 '변화'가 간절했던 바다는 제안을 받아들였다. 엄마의 투자에 성공으로 보상하고 싶었다. 더 좋은 회사로 이직하고 다이어트에 성공해 엄마를 기쁘게 하고 싶었다.

바다는 약 3개월 만에 20kg 가까이 감량해 58kg이 되었다. 그러자 이제껏 제대로 받아 본 적 없던 엄마의 칭찬과 관심 그리고 애정이 쏟아졌다. 부모님은 살을 뺀 바다를 보며 "지금 너무 예쁘다!"라며 기뻐하셨고, 그 말은 바다를 다이어트에 가두는 족쇄가 되었다.

엄마한테 엄청 집착하는 것 같거든요. (…) 옛날에는 엄마랑 같이 쇼핑하러 가면 옷이 맞는 게 없어서 엄마가 엄청 스트레스받았는데 요즘에는 "내 딸 너무 예쁘다."고. 점원분들이 막 "라지요? 그냥 엠사이즈 입어도 될 것 같은데, 스몰 입어도 될 것 같은데?" 이렇게 말할 때 엄마랑 나랑 뿌듯해 가지고 으쓱으쓱하는 그런 감정? 엄마가 인형 놀이 하는 것 같은 게 너무 좋은 거예요. 엄마한테 이쁨받는 것 같고 지금이. 그러니까 더 맞추게 돼요. 그 이쁨받는 걸 잃고 싶지 않아서. 어떤 면에서든.

다이어트는 성공했지만, 이직에는 실패했다. 반드시 업계를 뜨겠다고 다짐했으나 돌아가고 말았다. 명백한 실패였다. 엄마의 기대를 저버렸다는 생각에 더 몸에 집착하게 됐다. 엄마가 원하는 연봉을 받을 수 없다면 몸무게라도 지켜야 할 것 같았다. 살이 찐다는 것은 곧 엄마의 사랑에서 멀어지는 것을 의미했다. 약을 통해 뺀 살은 약을 먹지 않으면 유지하기 어려웠고, 식욕은 참으면 참을수록 심한 폭식으로 이어졌다. 폭식 횟수가 늘어나면서 불안도 함께 커졌다. 불안한 마음을 달래기 위해 토하기 시작했다. 언제부터였는지 기억도 나지 않을 만큼 자연스럽게 먹토가 일상에 스며들었다. 뭔가 잘못된 게 아닐까 하는 의심이 들었지만 멈출 수 없었다.

엄마가 이 몸매를 가진 저를 너무 예뻐하는 게 좋아서, 엄마가 저를 너무 사랑해 줘서 그걸 놓지 못하겠어요. 지금 엄마가 예쁘다고 해 주는 게 너무 좋아요. 엄마가 저를 너무 사랑해 주는 게 좋아요.

병이기 이전에 행복을 지키는 수단

어느 날 일을 마치고 집으로 돌아가던 중 갑자기 토해야겠다는 생각이 들었다. 길 한복판에서 바다는 공중화장실을 찾았다. 그날 바다는 스스로에게 물었다. '왜 이렇게 토하지?' 집이나 식당을 제외한 곳에서 토하고 싶었던 건 처음이었다. 끝내 참지 못하고 공중화장실을 찾아 헤맨 스스로가 이상하다고 생각했다. 비슷한 사례가 있는지 찾아보다 내유튜브 채널을 알게 되었다. 하지만 10년 넘게 먹고 토한 나나 영상에 댓글을 단 사람들에 비하면, 바다 자신은 양호한 것 같았다. 시작한 지 얼마 되지 않았으니 조금만 노력하면 금방 전처럼 잘 지낼 수 있을 줄 알았다.

음, 병일 수도 있겠다. (하지만) 나을 수 있다고 생각했던 것 같아요. '나 혼자 할 수 있어. (…) 내가 너무 오바 떠는 것 같다. 엄살 부리는 것 같다. (…) 그냥 (달력에) 체크하면서 일주일에 한 번만 하기. 뭐 이렇게 빈도수 줄여 가고 하다 보면 되는 거 아닌가?' 생각했어요.

달력에 표시하는 건 딱 한 달로 끝났다. 먹는 양과 토하는 횟수는 오히려 더 늘었다. 게워 내는 것에 익숙해진 몸은 예전 같지 않았다. 소화 기능도, 배변 기능도 많이 약해졌다. 그래도 살찌지 않으려면 계속 토할 수밖에 없었다. 당시엔 그게 가장 효율적인 방법이라고 생각했다. 건강이 나빠졌지만 큰 병에 걸리거나 일상생활이 어려운 정도는 아니었기에 괜찮다고 생각했다. 엄마에게서 계속 사랑받고, 다른 사람들에게 예뻐 보이고, 옷을 사이즈 고민 없이 구입할 수 있고……. 살이 쪄서 이 모든 걸 잃느니 죽는 게 나았다. 행복을 잃고 싶지 않은 건 모두가 똑같다. 바다에게 섭식장애는 병이기 이전에 행복을 지키는 수단이었다.

저도 알잖아요. 옛날 옷을 입어 봤을 때, 엄마랑 옷을 사러 갔을 때 엄마만 좋아하는 게 아니라 저도 좋으니까. 옷 사고 나오면서 "엄마 들었어? 나한테 사이즈 작은 거 줬어. 근데 맞았어. 봤어?" 그럼 엄마가 "알겠어~ 그만 말해~" 옛날에는 친구들하고 같이 옷을 입으려고 해도 제가 안 맞아서 잘 못 맞춰 입었는데 이제 친구들 옷 사이즈랑 나랑 똑같다는 거? (그게 좋아요.)

먹고 토하기 위해 시작한 부업

바다가 섭식장애에 위협을 느끼기 시작한 건 '경제적 문제'로 이어졌을 때였다. 먹고 토하는 양이 늘어나면서 혼자 사는 바다의 경제 상황에 적신호가 켜졌다. 하루에 배달 음식에만 10만 원 이상을 썼다. '나을 수 있겠지, 금방 괜찮아질 수 있을 거야.'라고 생각했던 섭식장애는 이미 바다의 통제권 밖에 있었다. 무엇보다 경제적으로 어려움이 생기면 엄마와의 관계에 부정적인 영향을 미칠 터였다. 바다는 엄마와 약속한 금액을 저축해야 했고, 얼마나 모았는지 정기적으로 보고해야 했기 때문이다.

친구들을 만나는 일도 부담스러워졌다. 좋아하는 사람들에게 밥을 사는 일도, 선물을 하는 일도 주머니 사정을 생각하면 멈칫할 수밖에 없었다. 바다는 섭식장애로 생긴 구멍을 메우기 위해 부업을 시작했다. 부업을 하려면 잠을 줄여야 했고, 잠을 줄이면 스트레스가 쌓였다. 스트레스를 해소하는 데에는 먹고 토하는 게 제일이었다. 끊을 수 없는 악순환의 고리가 바다의 일상을 단단히 묶었다.

친구들한테는 다 잘해 주고 싶은데 아무래도 제가 돈이 부족하다 보니까 얘한테 이걸 사 주고 싶어도 못 사 주게 되고. 밥을 시원하게 쏘고 싶어요. 취업했으니까. 도움받은 사람들한테 밥을 사 주고 싶어도 내가 먹고 토하는 데 돈을 너무 많이 쓰다 보니까 그럴 수가 없는 거예요. 그러니까 다 돈과 그런 걸로 이어지는 거예요. 너무 어리석은 거예요. 식이장애에 미치는 게 너무 화가 나서 그걸 잊고 싶어서 술을 먹다 보면 더 먹게 되고 또 먹게 되고, 하루에 세 번, 네 번씩 막 계속 토하게 되니까.

더 나은 삶을 위해서가 아니라 그저 먹고 토하기 위해 부업을 하고, 매일 적지 않은 돈을 음식에 쓰고도 어김없이 변기 앞으로 향하는 자신을 마주하는 건 끔찍했다. 거울을 볼 때마다 무엇을 위해 이러고 있는지 알 수 없었다. 하루하루 비참함과 자괴감이 쌓여 갔다. 현실 감각이 무뎌질 때쯤 바다는 자해를 시작했다. 손목을 긋는 커팅 자해였다. 섭식 장애에서 벗어나지 못하는 자신에게 내린 '벌'이었다.

나한테 뭐 도움이 되는 것, 영양가가 있는 것도 아니고. 전해질 다 빠져나가고, 이빨 다 망가지고, 생리도 안 하고. '왜 살지? 왜 살지?' 그러다가 이제 자해를 시작한 것 같아요. 너무 한심해서. '너 같은 거 죽어 버리는 게 낫겠다.' 근데 살이 벌어질 때까지 손목을 긋다가 점점 그 생각을 구체적으로 하게 되는 거죠.

내일이 오고 잠에서 깨는 게 두려워졌다

바다는 168cm에 58kg면 마른 게 아니라고 생각했지만, 58kg은 마지노선이었다. 거기서 1kg만 더 쪄도 바로 티가 나고 후덕해 보일 것 같았다. 어떻게든 58kg을 지키고 싶었다. 매일 운동하고 매 끼니를 샐러드로 해결하면서도 부족하다고 생각했다. 밖에서는 몸무게를 잴 수 없으니 불안해서 토했고, 집에서는 체중계 위에서 먹는 수준이었다. 물 한 잔 마시는 것도 몸무게에 영향을 미친다는 생각에 불안했다. 불안하면? 무조건 화장실로 향했다.

집에서는 먹자마자 (체중계에) 바로 올라가잖아요. 그럼 (몸무게가) 올라가죠. 먹었는데. 그럼 불안해지니까 탄산이나 이런 걸 먹으면서 토하게 되더라구요.

섭식장애와 함께하는 시간이 길어질수록 먹고 토하지 않았던 과거가 희미해졌다. 섭식장애가 없는 삶이 두렵고 불안해졌다. 친구들과 함께 간 여행에서도 토하기 위해 비닐봉지와 비닐장갑을 챙겼다. 비싼 호텔에서 예쁜 잠옷을 맞춰 입고 호캉스를 즐기는 순간에조차 바다는 섭식장애와 함께였다. 친구들에게 거짓말을 하고 1층으로 내려가 로비 화장실에서 토했다. 1박 2일로 캠핑을 갔을 때도 마찬가지였다. 친구들이 잘 때까지 기다렸다가 몰래 숨죽여 토했다. 점점 몸무게를 떠나 몸에 음식이 들어오는 것 자체가 불편해졌다. '왜 이렇게 살아야 하지?' 그런 생각이 들면 참을 수 없이 비참하고 부끄러웠다.

밤마다 배 터질 것 같이 욱여넣다가 변기통 붙잡고 억지로 토하고 살 것 같으면 좀 그런 거 있잖아요. 토하고 나서 살 것 같은 기분이 들면 '아, 다 안 빠졌다.' 이러면서 무거운 몸으로 잠들고, 그러면 더 자괴감이 들고. 내가 원하는 대로 먹은 걸 다 게워 냈는데 손발은 떨리고 땀이 막 나고 당장 죽을 것 같아. 뭐가 됐든 내일 깨는 게 두려운 거죠.

58kg을 지키기 위해 바다가 포기해야 하는 건 다이어트를 제외한 거의 모든 것이었다. 겉으로는 아무렇지 않아 보여도 매일같이 식도와 위가 쓰리도록 토했다. 양치할 때면 치아가 아팠다. 여성 건강의 척도인 월경은 1년 정도 멈췄다. 그러나 가장 힘든 건 건강이 악화되고 있는 사실이 아니었다. 바로 '나'라는 인간에 대한 수치심이었다. 필요해서 함께하는 섭식장애지만, 그것이 정상적이지 않은 방법이라는 사실을 스스로가 가장 잘 알고 있었다. 몸무게를 유지하기 위해 바다는 바다 자신을 포기했다. 스스로 포기한 삶은 아무도 구할 수 없다고 생각했다.

내가 나에게 느껴지는 수치심? 이걸(먹토를) 한다는 거 자체가, 저는 굉장히 스스로가 되게 더럽다고 생각하거든요. 먹고 토하는 내가 너무 더럽다. 어떻게 먹고 토할 수가 있을까. (웃음) 내가 소화할 수 있지 않은 그 양, 위가 찢어질 것 같은 만큼의 양을 막 욱여넣는 모습을 제삼자의 시선으로 바라본다고 하면 야만적인 느낌(이 들어요). 그리고 막 토를 하고 와서 어질러진 방을 보면 현타가 오는데, 근데도 이걸 멈출 수 없는 상황에 대한 더럽고 구차하고 그런 생각이 제일 많이 드는 것 같아요.

터놓고 이야기할 수 있는 공간

아직 섭식장애가 병이라고 느껴지지 않았을 때, 바다는 먹고 토하는 걸 어떻게 멈출 수 있을까 싶어 인터넷을 돌아다니다가 우연히 섭식장애 전문 상담사의 블로그를 알게 됐다. 처음엔 블로그에 있는 글들을 읽으며 '아, 이게 섭식장애구나! 섭식장애 때문에 힘들어하는 사람들이 꽤 많구나.'라고 남의 일처럼 생각했다. 그러나 먹고 토하는 횟수가 늘어나고 스스로 제어할 수 없게 되면서 도움이 필요하다는 걸 깨달았다.

바다는 가능한 한 이 병에 대해 잘 알고 있는 사람과 이야기하고 싶었다. 가족이나 친구들에게는 말해도 이해받을 수 없을 것 같았다. "왜 먹고 토해?"라고 물으면 아무 말도 할 수 없을 것 같았다. 그렇다고 해서 당장 상담 센터나 병원에 가는 것도 두려웠다. 어디서부터 어떻게 시작해야 할까 고민하다 용기를 내 블로그에 댓글을 달았다.

'왜 토하는지도 모르겠고 왜 이렇게 먹는지도 모르겠는데 이게 끝나면 꼭 자해를 한다. 이런 내가 너무 싫다.' 하니까 선생님이 '당연한 거다. 괜찮다. 그런 환자들이 굉장히 많다. 이상한 게 아니다. 이런 사람들이 굉장히 많고 나쁜 게 아니다. 그럴 수 있는 거다. 마치 엄마가 너무 좋은데 가끔 싫기도 한 것처럼 자연스러운 감정의 흐름이다. 그럴 수 있는 거다.' 이런 식으로 댓글을 달아 주셨어요.

상담사는 '그럴 수 있다, 이상한 게 아니다.'라며 바다를 위로해 주었다. 감사한 마음에 블로그를 자주 들여다보던 중, 집단 상담이 운영된다는 사실을 알게 됐다. 한창 뭐라도 해 보려고 발버둥 치던 시기였고 섭식장애가 가족 문제와 관련이 있지 않을까 의심하고 있었기에 참여하고 싶었지만, 경제적 여건이 되지 않아 계속 미뤘다. 미루고 미루다 일회성 오프라인 모임에 참여했다. (비용이 덜 부담스러웠다.)
바다는 처음으로 자신과 비슷한 이유로 힘들어하는 사람들을 만나 어려움을 나누고 공감하고 위로하는 시간을 가졌다. 상담사는 폭식 욕구가 올라올 때 감정을 다스리는 방법이나 퓨즈가 나갔을 때 현실로 돌아오는 방법을 알려 주었다. 그리고 바다의 섭식장애가 엄마와 깊은 관련이 있음을 짚어 주었다. 꼭 부정적인 말이나 신체적 폭력만이 학대가 되는 건 아니라고.

선생님이 그걸 포인트로 잡았던 것 같아요. 사람들은 '너 살쪘어, 못생겼어.' 이렇게 대하는 것만이 학대라고 하는데 너무 예뻐하는 것 역시도 자극제가 될 수 있다. (…) 그리고 각자 자기만의 섭식장애 유형이 있을 거 아니에요. 많이 괜찮아진 사람들도 있고 입원했던 사람들도 있고 현재 진행 중인 사람들도 있고. 자기들 얘기를 하면서 서로 많이 위로해 주고 그렇게 끝난 거죠. 그때까지만 해도 '엄마는 나를 사랑해.'라는 말로 스스로를 보호했던 것 같아요.

일회성 모임을 위해 열렸던 단체 대화방은 계속 이어졌다. 안부를 묻고 서로 도움이 되는 이야기를 나누는 공간에서 바다는 '함께라면 조금 더 나아질 수 있지 않을까?' 하는 희망을 품기 시작했다. 모임에 참여했던 모두가 비슷한 마음이었는지 본격적으로 집단 상담을 하자는 이야기가 나왔지만, 일정 조율이 쉽지 않았다. 자해와 자살 사고로 힘든 시기를 보내고 있던 바다는 마냥 기다릴 수 없어 새벽 두 시, 단체 대화방에 메시지를 남겼다.

사실 저는 치료가 너무 간절하다. 최대한 이른 시기에 만나고 싶은데 미뤄지게 돼서 너무 마음이 아프다. 먹토는 점점 더 심해지고 자해 횟수도 너무 많아지고 있다. 완전히 진짜 그어 버려서 죽어 버리면 속이라도 시원하겠는데 그냥 애매하게 살만 벌어지니까 붙으면 다시 떨어지게끔 하는 이게 계속 반복되니까. (…) 진짜 속 편하게 죽어 버리고 싶은데 계속 이렇게만(미뤄지기만) 하니까 너무 답답하다. 어떻게든 시간 맞출 테니까 꼭 맞췄으면 좋겠다고 했어요.

사랑하는 나, 사랑받고 싶은 나

집단 상담의 초점은 '자아 탐색', 즉 내 안에 있는 수많은 '나'를 알아차리고 탐색하는 것이었다. 바다는 사랑하는 나, 어리석어하는 나, 스스로에게 화내는 나, 그리고 이렇게 살고 싶지 않은 나를 발견했다. 섭식장애와 함께하며 경제적·관계적 요소들을 전부 놓친 자신을 어리석어하고 이렇게밖에 살지 못하냐며 화를 내는 부분 밑에 있는 게 바로 '사랑하는 나'였는데, 주변 사람들을 사랑하고 그들에게 행복만 주고 싶어 하는 부분이었다. 상담사는 "남들에게 에너지를 쓰고 집에 돌아오면 집에서 쓸 에너지가 없으니까 외부와 내부에서의 간극이 너무 심한 거 아니냐, 그래서 집에서 먹고 토하게 되고 스트레스가 몰려오니까 자신을 돌보지 않는 거 아니냐."라고 했다. 당장은 받아들일 수 없었지만 바다도 어렴풋이 느끼고 있었다. '사랑하는 나'는 '사랑받고 싶은 나'가 아니었을까, 하고.

이거(자아 탐색)를 2주 차에 했는데, 그러면서 점점 그게 깨지기 시작하는 거예요. 정말 구체적으로 적어 보면서 '사랑하는 게 아니라 사랑받고 싶은 거였구나, 내가. 얘네한테 욕먹기 싫은 거였구나, 엄마한테 욕먹기 싫었구나.' 그걸 너무 깨달아 버린 거예요. 확 와닿았어요. 근데 그때부터 약간 멘붕이 왔다고 해야 하나? 살아 있는 게 갑자기 구차하게 느껴지기 시작했죠.

바다는 자신이 사랑을 갈구하고 있음을 인정하고 싶지 않아서 '나는 사랑이 많은 사람이야.'라고 포장해 왔음을 깨달았다. 유리컵이 깨질 때처럼 온갖 파편들이 튀어 올라 바다의 마음에 박혔다. 더 사랑받고 싶고 예쁨받고 싶은 마음은 엄마가 자신을 버리거나 영영 외면해 버릴지도 모른다는 두려움과 연결돼 있었다. 엄마로 인해 상처받았던 기억들이 와르르 쏟아졌다. 그걸 어떻게 마주해야 하는지, 기억들 사이사이 복잡하게 얽힌 감정들을 어떻게 다뤄야 하는지 알아야 한다고 생각했지만 두려웠다. 괴로웠던 시간으로 돌아가 되짚어 보기가 너무 힘들었다. 같은 병을 가진 사람들과 함께하는 집단 상담은 분명 혼자가 아니어서 덜 부담스러웠지만, 온전히 바다만을 위한 방식은 아니었다. 상담에 참여할수록 '분노'라는 감정이 올라오고 아픈 기억들이 떠오르는데 그걸 깊이 바라볼 수 없었다.

아무래도 한 시간 반 정도 되는 상담에 네 명이 이야기하다 보니까 이렇게 멘붕이 오고 혼돈에 빠져도 선생님께선 제대로 케어해 줄 수 없고 줌으로 상담을 하는 거다 보니까 좀 거리감이 있고 그렇잖아요. 나만 얘기를 할 수 있는 것도 아니고. 그래서 계속 그냥 혼돈 상태에서, 계속 힘든 상태에서 이어졌던 것 같아요. 몇 달 동안.

여덟 번의 집단 상담 동안 바다는 할 수 있는 한 다양한 노력을 했다. 자책하는 나를 위해 칭찬을 해 보기도 하고, 술에 기대는 나를 다스리기 위해 음주를 대체할 일을 찾아보기도 하고, 식욕을 조절하기 위해 식단을 바꿔 보기도 했다. 그러나 행동의 변화만으로는 부족했다. 바다는 상담을 통해 자신의 섭식장애의 핵심이 '다이어트'가 아니라는 걸 알았다. "살 안 빼도 돼, 다이어트 할 필요 없어." 같은 말들이 자신에게는 그다지 효과적이지도 와닿지도 않았기 때문이다. '엄마'와의 관계, '엄마'의 존재가 자신에게 어떤 의미인지 제대로 들여다봐야 한다고 생각했다. 바다의 변화를 알아차린 상담사가 집단 상담 후 개인 상담과 약물 치료를 병행해 보자고 권유했다. 정말 하고 싶었지만, 먹고 토하는 데 쓰는 돈도 감당하기 힘든데 1회에 8만 원이나 하는 개인 상담 비용은 너무 부담스러웠다.

집단 상담할 때는 파헤치기만 할 뿐 책임져 주는 사람이 없으니까. (또 개인 상담을 받기엔) 비싸고 그래서. 그런데 이렇게 한번 시작하고 나니까 용기가 생기더라고요. 치료에 대한 용기? 그리고 당장 내가 죽겠다 (싶어서). 그래서 병원 가기 전에 언니(나)한테도 계속 말했던 것 같아요. 병원 가겠다, 올해는 병원 가겠다고.

개인 상담은 잠시 미뤄 두고 병원에 가기로 했다. 병원은 초기 진료를 제외하면 비용이 부담스럽지 않았고, 당장의 자해와 자살 사고를 줄이려면 약물 치료가 필요하다는 상담사의 말을 믿어 보기로 했다. 물론 바로 실행에 옮기지는 못했다. 보험 가입에 문제가 생기거나 엄마에게 들킬 경우에 어떻게 대처할지 걱정이 많았기 때문이다. 바다는 3개월 정도 고민하면서 무엇이 정말 자신을 위한 일인지 묻고 또 물었다. 이번에 움직이지 않으면 스스로를 영영 돌보지 못할 것 같았다. 마지막이라는 심정으로 근처 정신건강의학과에 발을 디뎠다. 그게 2021년이었다.

의사와 함께 헤매는 치료

바다는 의사에게 섭식장애에 관해 전부 솔직하게 이야기하겠다고 다짐했다. 집단 상담 경험이 있으니 괜찮을 줄 알았다. 그러나 막상 진료실에 들어가 의사 앞에 앉으니 쉽지 않았다. 섭식장애가 있다는 말은 했지만, 구체적인 이야기는 하고 싶지 않았다. 감정의 늪에 빠질까 봐 무서웠다.

저는 그때 당장 토를 멈추고 싶었어요. "힘들겠어요." 이런 말도 듣기 싫었어요. 라포(신뢰 관계) 형성 안 해도 돼요. 그냥 토를 멈출 방법을 알려 주세요. 약간 이런 거 있잖아요.

병원에서 몇몇 검사를 한 뒤 나온 결과는 섭식장애와 우울증, 중증의 불안 장애였다. 의사는 바다가 기질적으로 불안한 사람은 아니지만 당장 감정 기복이 너무 심한 편이고 그걸 제어할 수 있는 유일한 방법이 '음식'뿐인 것 같다고 했다. 알코올 의존도가 높은 편이니 술을 줄여야 한다는 말도 함께였다. 우선 우울증, 불안 장애 등 동반 질환에 대한 약물 치료와 인지 행동 치료를 병행하기로 했다. 인지 행동 치료는 식사 일기를 쓰는 것부터 시작했다.

약 복용 중엔 술을 마시면 안 된다고 해서 의식적으로 참았다. 아예 안 마시는 건 어려워서 무알코올 술을 마시고 토했는데 그럴 때면 꼭 외줄 타기를 하는 기분이었다. 의사는 저녁을 샐러드로 소화해 보자고 제안했지만, 바다는 안 될 것 같다고 단호하게 거부했다. 다행히 의사는 강요하지 않고 바다의 의사를 존중해 주었다. 식사 일기 외에도 하루 한 번이라도 몸무게 재는 횟수 줄이기, 1일 1칭찬하기 등 여러 시도를 이어 갔다. 그러한 과정은 자연스레 의사와의 관계 형성에 도움이 되었다.

> 그냥 그때(집단 상담을 받을 때)랑은 확실히 많이 달라요. 집단 상담할 때보다는 케어받을 수 있는 곳이 있다는 게 다행인 것 같아요. 6월부터는 이제 선생님한테 무슨 말을 할지 써 갔거든요. (…) 처음에 상담한 지 얼마 안 됐을 때는 계속 섭식장애에 대한 치료를 했잖아요. 뭐 몸무게를 몇 번 재 보자, 식단을 기록해 보자, 이렇게 했다가 좀 저랑 대화를 계속하시고 내 사고의 흐름이 어떻게 진행되는

지 파악하시고 나서부터는 우울이 좀 더 심각하다는 거를 아시게 된 것 같아요.

섭식장애의 증상(문제 행동)에서만 맴돌던 치료는 5개월 만에 바다의 삶으로 들어갔다. 바다는 엄마와의 관계나 엄마에 대한 집착, 부업을 하는 이유, 아버지를 닮은 알코올 문제 등 혼자 마주하기 무서웠던 이야기들을 꺼내기 시작했다. 지금까지 바다는 엄마의 사랑을 받고 싶어서 엄마처럼 살고자 노력했다. 미워하는 아빠의 알코올 문제를 닮았으니 엄마가 자신을 싫어하는 건 당연하다고 생각했다. 아빠의 잘못이 곧 자신의 잘못 같아 죄책감에 시달렸다. 그럴 때마다 의사는 바다가 심하게 흔들리지 않도록 굳건히 버텨 주고 위로를 건넸다.

(의사 선생님이) "바다 씨는 어머니 아버지랑 달라요." 이렇게 말을 하는 거예요. 근데 그 말에 갑자기 울컥하는 거예요. 제가 흔들릴 때마다 한 번씩 잡아 주시는 게 되게 도움이 돼요.

그러나 병원에 가길 잘했다고 생각하는 것과 치료의 '진전'은 별개였다. 의사는 섭식장애가 다른 질환의 '증상'이라고 말했다. 자신의 감정을 다루고 돌볼 줄 몰라서 섭식장애가 생겼고, 그것이 바다의 삶에 하나의 패턴처럼 자리 잡았다고 했다. 해결하지 않고 치워 버린 감정들이 극단으로 치달으면서 자해와 자살 사고를 불렀다고. '꾸준한' 치료가 필요하다고. 포기하지 않고, 멈추지 않고, 어떻게든 견디는 시간이 가장 큰 숙제였다.

'대부분의 섭식은 그저 증상 중 하나일 뿐 뭔가 근본적인 원인이 있다. 그 원인을 찾아 가는 게 우리의 목적이고 뭐든지 한꺼번에 되는 건 없고 차근차근히 밟아 가야 되기 때문에 토를 멈추는 게 일차적인 목표다.'(라고 의사 선생님이 말씀하셨어요.) 그래서 인지 행동 치료를 하는 건데 어떤 걸 시도해도 지금 안 되니까. 오히려 횟수가 많아지면 많아졌지, (치료가) 안 되고 막 점점 더 (심해져서) 일주일에 6일을 토하고 그거마저 하루에 서너 번씩 토하게 되니까.

치료를 거부할 마음은 없지만

천천히 가야 한다는 걸 알아도 조급함은 쉬이 사라지지 않았다. 오히려 더 막막했다. 엄마가 미웠지만, 미움보다 사랑이 더 컸기 때문에 엄마와 잘 지내고 싶었다. 어서 병이 나아야 당당하게 엄마를 마주할 수 있을 것 같았다. 하지만 그렇게 생각할수록 섭식장애가 심해졌다. 엄마를 어떻게 대해야 할지 도무지 감이 잡히지 않았다. 이제 일주일에 한 번 병원에 가는 것만으로는 부족했다. 약이 잘 맞지 않아 괴로움이 커졌고, 토하는 횟수가 기하급수적으로 늘었다. 몸도 마음도 만신창이였다. 도저히 이렇게 살 수 없을 것 같아 '비만 약'을 처방받기로 했다.

토를 일주일에 6일씩 하는데 그게 너무 힘든 거예요. 스스로. 고통스럽잖아요. 그래서 무작정 비만 약을 받았고, 근데 그 약 성분들에 감정을 너무 이렇게 왔다 갔다 하게끔 하는 게 있으니까 (다른 우울증 약과 같이 먹으면 위험하니) 선생님도 거의 한 달, 한 달 반가량 우울이 문제인 걸 알면서도 그냥 잠자는 약? 정도만. 수면 유도제 정도만 처방해 주셨어요.

비만 약의 효과는 엄청났다. 복용 첫 주는 한 번도 토하지 않았다. 그러나 업무와 일상생활에 영향을 미쳤다. 평소였다면 어려움 없이 돌릴 수 있는 프로그램을 다루거나 기본적인 루틴 작업을 하는 데 지연이 생겼다. 엄청난 자괴감이 찾아왔다. 병원 진료에서 엉엉 울었다. 가장 슬펐던 건 이런 부작용에도 불구하고 비만 약을 끊고 싶지 않은 마음이었다.

이걸(비만 약을) 끊으면 토할까 봐 무섭고. 토를 안 하니까 너무 편하더라. 다른 사람들은 다 이렇게 살겠죠? 토 안 하고 사는 삶이 이렇게 편안한지 몰랐다. (…) 토는 안 하는데 더 암흑 속에 갇힌 느낌이었어요. 이게 제힘으로 한 게 아니니까 이걸 끊으면 더 큰 후폭풍으로 돌아온다는 걸 알아요.

의사는 비만 약의 양이라도 줄여 보자고 했지만, 비만 약을 처방해 준 가정의학과에서는 크게 신경 쓰지도 복용량을 줄여 주지도 않았다. 결국, 항우울제 복용량을 조절하며 비만 약과 함께 먹고 있다. 언젠가 끊어야 할 것을 알지만 비만 약 없이 먹토를 끊을 수 있을지 의문이다. 섭식장애 치료를 거부할 마음은 없다. 하지만 바다는 자신이 정말 나을 수 있는지 확신할 수 없다. 비만 약을 끊고 항우울제를 먹으며 먹토를 줄이다 보면 살이 찔 텐데, 여전히 몸무게가 늘어나는 걸 받아들일 수 없기 때문이다.

제가 느끼기에는 굉장히 빠르고, 굉장히 가학적이고, 이렇게 자살 사고와 자해까지 오는 것도 가속도가 붙었어요. 그러니까 3년의 반과 반을 나누면 그렇게 되더라구요. 그냥 잡아먹혔다? 잠식되었다?

그럼에도 불구하고 바다는 치료를 이어 가고 있다. 과거로 돌아가도 토할 수밖에 없었던 삶이라고 생각하지만, 미래마저 그렇게 단정 짓고 싶지 않다. 막막함과 아득함에 눈물이 난다. 그러나 이렇게 죽고 싶지 않다. 바다는 섭식장애가 자신을 위한 것이 아님을 안다. 그렇기에 오늘도 내일도 변기 앞으로 가겠지만 끝내 택하는 건 삶이길 바란다.

바다에게 '섭식장애' 하면 어떤 것이 떠오르냐고 물었을 때, 그는 '고백'이라고 답했다. 가장 친한 친구나 연인에게도 말할 수 없을 만큼 수치스러운 일이기 때문에 고백이 가장 어렵고 또 간절하다고 했다. 바다는 인터뷰에 참여하기 얼마 전, 가장 친한 친구들에게 섭식장애를 고백했다. 구체적인 증상(일주일에 6일 이상 먹고 토한다.)은 이야기하지 않았지만 엄청난 변화였다.

허공에 대고 말하기에도 너무 답답하니까, 너무너무 답답하니까. 너무 이게 한계치에 차올랐다고 해야 하나? (병원에 갔다가) 집으로 오는 동안 막 울고 지하철에서도 막 울고. 사람들 엄청 많은데, 퇴근 시간인데 길 가면서 막 울고. 너무 답답하니까. 아무리 허공에 대고 말을 해도 이게 풀리지가 않으니까.

이전까지 바다는 섭식장애를 앓는 것은 전부 자신의 잘못이기 때문에 누군가의 위로를 바라거나 이해를 바라는 건 욕심이라고 생각했다. '섭식장애는 나의 선택이었다.' 이는 바다가 섭식장애를 혼자 견뎌야 한다는 의미이기도 했다. 하지만 죄책감에 휩싸인 채 홀로 나아가는 건 너무 외롭고 고독했다. 아무리 발버둥 쳐도 자신이 있을 곳은 결국 시궁창이라고 생각했다. 그래서 몇 번이고 손목을 긋고 죽음을 바랐다. 그러나 지금의 바다는 자신이 노력했다는 걸 안다. 알아주고 싶다. 더럽고 부끄러운 병이라고 해도 나으면 되니까, 나을 수 있으니 병일 테니까, 나는 내 노력을 아니까.

아무도 몰라 줘도 저는 알잖아요. 편해지려고 많이 노력했다는 거. 나 스스로 나한테 편하게 해 주려고 노력했다는 걸. (⋯) 이 병이 있다는 건 어딘가 마음에 상처받고 고장이 난 건데⋯⋯.

당장 뚜렷한 결과나 진전은 보이지 않지만, 바다는 치료를 통해 자신을 알아 가는 중이다. 전에는 먹고 토하는 행동만으로 자신을 판단했다. 비정상적인 행동을 하는 자신이 혐오스럽고 답답했다. 도대체 왜 이러는지 이유를 모르니 섣불리 가족이나 친구들에게 말하거나 도움을 요청할 수 없었다. 하지만 심리 상담을 받으며 다이어트 너머의 문제가 있다는 걸 알았다. 병원에서 병명과 다양한 원인을 알게 된 후, 지금 내가 어떤 상태인지 '언어'로 표현할 수 있는 단계까지 왔다.

"이것 때문에 괴로워."라고 사람들한테 말을 할 수 있어요. 그럼, 사람들마다 자기가 고통받았던 거나 자기의 관점에서 다양한 의견을 제시해 준단 말이에요. 그러면 저는 또 다양하게 해석해 보면서 나의 생각, 나의 모습을 객관적으로 바라보면서 알아볼 수 있으니까? 저 자신을 탐구할 수 있으니까? 주체 없이 흔들리기보다 그냥 스스로를 바라볼 용기가 생겼다는 거? 약물 치료도 도움은 됐겠죠. 일단 부정적인 사고를 차단해 주니까. 약 늘리고 바꾸고 하니까 그나마 좀?

바다는 섭식장애 전문 상담을 (비록 집단 상담이었더라도) 받을 수 있었던 것을 행운이라고 생각한다. "살쪄도 돼, 살 뺄 필요 없어."와 같은 말들로는 닿지 않았던 깊은 마음속을 탐색할 수 있었고, 우울이나 불안 같은 심리적 고통이 섭식장애 증상과 연관되어 있음을 알게 됨으로써 약물 치료를 시작할 수 있었기 때문이다. 또 상담을 통해 묻어 두고 회피했던 아픈 기억을 마주하는 시간을 가짐으로써 자신을 이해하고자 노력할 수 있었다. 나아가 과거와 현재를 구분하고, 어둠으로 가득했던 미래를 '내가 원하는 모습'으로 상상해 볼 수도 있었다.

(섭식장애에는) 너무나도 다양한 케이스가 있기 때문에 '연예인들 살 빼는 거잖아? 조금만 먹으면 되잖아?' 이렇게만 생각하는 거. (그게 문제인 것 같아요.) 저는 애초에 (심리 상담) 시작이 식사 얘기가 아니었어요. 자아 탐구부터 시작했으니까. 그 자아가 식사로 어떻게 이어지는지로 넘어갔으니까.

마지막 인터뷰 때, 바다에게 섭식장애가 어떤 의미냐고 물었다. 바다는 "역겹고 더럽고 냄새나고 싫은데 떼어 낼 수 없고 덫에 걸린 것 같다. 근데 그렇다기엔 약간 적립금처럼 누적된 나의 잘못 같다."라고 답했다. 사람은 누구나 실수를 하고 잘못을 저지른다. 중요한 건, 모든 사람이 반성의 의미로 음식을 먹지 않거나 몸에 상처를 내지 않는다는 사실이다. 바다는 치료를 통해 그것을 알아 가고 있다.

확실히 매년, 나아지고 있다고는 못 하겠지만 인격체가 되려고 노력하고 있다는 생각이 들었어요. 엄마에게서 나의 감정을 떼어 내는 것도, 나 혼자 완전한 독립체로 성인이 되기까지도, 섭식장애에서 편안해지는 것도 제가 살아왔던 이 29년보다 더 많은 시간이 걸릴 수도 있어요. 하지만 그렇게 되는 한 걸음 한 걸음 마음을 계속 먹어 가고 있다는 게 보이더라구요.

섭식장애는 바다에게 항상 '죽음'과 가까워지라고 말했다. 바다는 섭식장애가 있는 한, 당당해서도 안 되고 존재할 가치도 없다고 생각했다. 손목을 긋고 또 그었던 이유도 죽음만이 스스로 선택할 수 있는 유일한 권리 같았기 때문이다. '나는 언제든 죽을 수 있다.'는 사실이 주는 통제감과 위안이 좋았다. 정말 죽고 싶어서라기보다는 이렇게 살고 싶지 않아서 죽음을 생각했다. 이번 생에 섭식장애 없이 살기는 불가능할 것 같으니 하루라도 빨리 끝내는 게 낫지 않을까 하는 마음으로 이어 온 자해였지만, 지금은 삶과 죽음 사이에 목표가 하나 생겼다. 섭식장애와 함께 죽고 싶지 않다. 섭식장애에 지고 싶지 않다.

얼마 전에 병원에서 그런 얘기를 했어요. 선생님께서 그간 치료받아 오면서 변한 게 있는 거 같은지. 그래서 음, 여전히 토를 하고. 남자 친구랑도 자주 싸우고. 자해도 하고. 술도 마시고. (심지어 알코올 의존 약도 늘었는데) 위도 안 좋아지고. 하여튼 뭐 왜 사는지 모르겠고 그런데, 그래도 하나는 달라졌다고. 예전엔 숨을 쉴 때마다, 길을 걸을 때마다, 일을 하다가도 죽고 싶었다고. 이렇게 살 바에 죽는 게 낫겠다고. 그냥 죽어야 한다고. 죽고 싶다고. 목을 매달고 싶다고 매일매일 생각했다고요. 그런데 지금은 적어도 자유롭고 싶다고 생각해요. 토로부터 자유롭고 싶다고. (2021년 10월 29일, 바다가 보낸 메시지)

나는 내년에도 내후년에도 바다의 계절이 자연스레 이어지길 간절히 바라고 응원한다. 부디 그가 바라는 대로 자유로워지길.

바다와는 자주 연락하진 않았지만, 블로그나 인스타를 통해 안부를 확인하곤 했다. 2023년 초에는 대전에서 만나 함께 수목원을 걸으며 이야기를 나누기도 했다. 당시 나는 꽤 힘든 시기를 보내고 있었다. '내가 정말 상담사의 길을 가는 게 맞는 걸까?'부터 시작해서 섭식장애에 관련된 활동을 할 자격이 없다는 생각에 유튜브도 접고 어딘가로 숨어 버리고 싶은 마음에 허덕이고 있었다. 돌아보면 번아웃이 왔던 게 아닐까 싶은데, 그때에나 지금에나 바다는 누구보다 열렬히 나를 응원해 주고 있다. 내 석사 논문을 나보다도 더 많이 읽어서 이따금 논문 내용을 예쁜 이미지로 만들어 보내 주곤 했다. 연락하거나 만날 때마다 요즘 섭식장애는 어떻냐고 묻고 싶었지만, 그 질문이 압박으로 느껴지지 않을까 싶어 조심스러웠다. 그에 반해 바다는 늘 먼저 솔직하게 이야기를 나눠 주었다.

——우리가 처음 인터뷰했던 게 2021년이거든, 딱 3년 전. 뭐가 다른 것 같아?

그때는 참 너무……. 다른 것보다 하나 같은 게 있다면, 이런 생각을 차라리 안 하는 게 나은데, '왜 그때와 지금 다른 게 없을까.' 하면 관통하는 결론이 있어요. 언니가 끝을 논문에 되게 잘 써 주셨었는데 '이렇게 살 거면 차라리 죽었으면 좋겠어.' 왜, 의학적인 사례들을 보면, 위가 늘어났다 줄었다를 반복해서 식생활이 안 돼서 죽는 경우도 있던데 왜 그 기회가 나한테는 오지 않는지. 그때랑 똑같이 '차라리 이렇게 죽었으면 좋겠다.' 근데! 그만큼 '난 안 이러고(토하고) 싶다. 좀 끝내 줬으면 좋겠다.' 그러니까 '내가 끝나든 이 증상이 끝나든 뭐 하나 좀 제발 끝났으면 좋겠다.' 이 생각이 가장 크고 같은 것 같아요.

──그치, 그럴 수 있지. 근데 아무것도 달라지지 않은 건 아니잖아.

3년 전에는 막 병원을 처음 가고 내가 왜 그럴까를 알아 가는 시간. 그리고 제 섭식장애의 시작은 부모님하고의 애착 관계 때문이었으니까 거기서부터 만들어진 생활 습관을 하나씩 독립하려고 많이 노력했던 것 같아요. 부모님이 나한테 해 줬던 금전적인 지원이나 관리들을 스스로 책임진다든지.

──난 그게 제일 어려울 수 있다고 생각했어.

그게 되지 않으면 안 될 것 같았어요. 그게 무조건 시작일 것 같았어요. 어쨌든 부모님은 이걸 약간 마지막 동아줄로 잡고 나를 조종하려고 했는데 그걸 약하게 만드는 거죠. 내가 중간중간 상처받고 생채기가 나면서도 (부모

님이 납부하던) 보험을 하나 더 가져온다든지, 부업을 하나
더 한다든지 이런 식으로. 오히려 그건 쉬웠던 것 같아요.

바다는 어렵사리 얻은 엄마의 애정과 관심을 놓치지 않
으려고 엄마가 바라는 모습을 유지하기 위해 노력했다. 다
이어트는 물론이고 부업을 본업만큼 늘리기도 했다. 그러나
언제 사라질지 모르는 애정을 받으려 노력하는 일은 사람을
피 말리게 했다. 인터뷰에 처음 참여했던 당시에도, 그 이후
에도 바다와 주치의는 '독립'을 목표로 했다. 정서적 독립의
시작은 퇴사였다. 휴식이 필요한 시기인데도 바다는 쉬지
못했다. 일을 그만두겠다는 말을 차마 엄마에게 할 수 없었
기 때문이다. 그랬던 바다가 드디어! 올해 퇴사했다. 소식을
들었을 때 얼마나 깜짝 놀랐는지 모른다.

그때(2021년)는 섭식장애가 생긴 지 3년밖에 안 돼서
토가 잘 나오기도 했고 약간 몸 걱정 안 하고 했는데 이제
한 5년 차부터는 막 고장 나는 게 느껴지지 않아요? 3년 전
에는 그냥 토가 잘 나오는 것도 있지만 내가 원하는 몸을
유지해서 좋은 게 더 컸고. 그래서 왠지 모르게 그때 논문
을 계속 보는데 '뭔데 이렇게 해맑냐.' 약간 이런 생각이 들
어요. (…) 사람들이 그 말 하잖아요. "이걸 자각한 순간부

터 빨리 도움을 받아야 한다. 혼자 가지고 있으면 계속 곪는다." 근데 저는 '나 병원도 갔으니까, 그리고 선생님이 뭐라고 하는지 아직은 잘 모르겠지만 그래도 뭔가 바뀌고 있는 것 같긴 해.' 그렇게 생각했던 것 같아요. 근데 언젠가 끝날 줄 알았던 1회 3토가 지금은 그냥 밥 먹으면 당연히 하는 (게 되었고). 나을 수 있을까, 하면 진짜 모르겠다. 그때 언니(나)가 그렇게 써 줬거든요. '나을 수 있을까 잘 모르겠고 그렇지만 이렇게 변기통 앞에서 죽고 싶지는 않다.'

——그래, 그렇게 썼었지.

그 문장, '이렇게 죽고 싶지는 않다.' 외우고 썼던 것 같아요. 맞아, 이렇게 죽고 싶은가 물어보면 아니라고. 그게 되게 저한테 와닿은 거예요. 근데 지금은 잘 모르겠어요. 다시 심연으로 돌아가고 있는 것 같아요. 10년까지 찍어야 나을 수 있는 부분인가 싶기도 하고.

——10년까지는 안 갔으면 좋겠는데.

막 너무 그냥 슬퍼요. 한심하고.

바다는 먹고 토하는 행위에 대한 자괴감이 너무 커서 자신을 벌주고 아프게 해야 한다고 생각했다. 자해가 심해지고 자살 사고 빈도가 잦아지면서 나는 섭식장애의 유무를 떠나 바다가 그저 살아 있기만을 바라기도 했다. '낫지 않아도 살 수 있잖아, 먹고 토해도 살아도 되잖아.' 이야기해 주고 싶었다. 물론, 이건 너무 무책임하거나 이상적인 이야기로 들릴 수도 있다. 아픈 사람한테 아픈 채로 살라는 거니까. 하지만 아픈 채로 살라는 게 아니라 '병이 삶을 살아갈 자격을 빼앗을 수는 없다고' 말하고 싶었다. 한편으론, 그런 마음조차 부담이 될까 봐 보고 싶다고 메시지를 남기는 게 전부인 날도 있었다. 바다는 종종 우리의 만남이, 인터뷰에 참여했던 것이 하루를 버티고 이틀을 버틸 수 있게 도와주었다고 했다. 나 역시 그랬다. 섭식장애라는 연결 고리로 만나지 않았더라도 우리는 분명 둘도 없는 언니 동생 사이가 되었을 것이다.

항상 내가 덜 소중한 게 깔려 있었나 봐요. 내가 나를 덜 소중하게 생각하는 게 다 보여서 나를 막 물어서 이용하려는 사람도 있고. (어머니가 힘든 시기를 꿋꿋하게 이겨내는 모습을 본 이야기를 한 뒤) '엄마랑 나는 어떻게 이렇게 다르지? 나는 저게 안 되는데 내가 능력이 부족한 건가?' (하는 생각을 했어요.)

──아니야. 살아온 방식과 세월이 다른데 당연하지. 나도 우리 엄마 보면 신기해.

어떤 유명한 강사가 인생이 힘들 때 새벽 일찍 일어나라고 (하더라고요). 근데 우울증의 극한과 완전 미칠 듯한 무기력일 때는 아침에 이미 눈 떠 있어요. 밤새웠으니까. 눈 뜨고 있어요. 눈만 뜨고 있어요.

——그러니까, 그거는 다 어디까지나 마음이 그래도 좀 건강한 사람들한테 해당되는 말이지. 아프면 다 의미 없게 느껴지지.

일어나서 편지를 썼다고 하시더라구요. 일어나서 편지를 쓸 수 있다니…….

——뭐랄까, 그런 분들의 바탕에는 내가 잘됐으면 좋겠고 (맞아!) 내가 잘할 수 있는 사람이라는 생각, 내가 소중하다, 내 인생 이렇게 끝나면 안 된다! 이런 마인드가 (맞아요!) 있으니까 그럴 수 있나 싶기도 해. 그 마음을 가질 수 있는 게 생각보다 엄청 큰 복이라는 걸 사람들은 잘 모르나 봐.

그냥 그렇게 살 수 있다는 게 신기해요. 나는 뭔가 잘못 태어난 느낌.

'나는 왜 엄마처럼 할 수 없을까?' 엄마와 나는 별개의 존재라는 걸 알면서도 여전히 삶의 기준이 엄마라는 걸 깨달을 때, 말로 형용할 수 없는 외로움이 찾아온다. 그 기준을 결코 만족시킬 수 없으리라는 것을 알고 있기 때문이다. 엄마에게 좋은 딸, 자랑스러운 딸이 되고 싶은데 지금의 나는 먹고 토하고, 또 거기에 말도 안 되는 금액을 쏟아붓는 딸. '엄마, 이게 병이래. 나 아픈 거래.'라고 말하고 싶어도 엄마에게 이해받지 못할 것 같아서, 버림받을 것 같아서 아무렇지 않은 척 다른 이야기를 하고 엄마가 좋아할 만한 소식들을 긁어모은다. 마음에 생채기가 나도록 긁고 또 긁는다. '엄마, 나는 어떻게 해야 할지 모르겠어.' 그 한마디가 왜 그리 어려운지. 바다와 대화하다 보니 자연스레 '탄생'에 관한 이야기를 나누게 되었다. 모든 의문의 시작점. '나의 탄생이 엄마한테 행복이었을까?'

폭식하고 토하는 것은 하나의 증상이오, 현상이다. 그렇다면 그 뒤에는 어떤 마음이 숨겨져 있을까? 무엇이 우리를 폭식하게 하고 토하게 하고 또 어떨 땐 굶게까지 하는 것일까? 나와 바다는 우리가 가지고 있는 '탄생에 대한 의심'이 가장 큰 이유라고 생각했다.

우리가 이제 30대가 되었잖아요. 아무리 생각이 많은 사람이라도 대학생, 고등학생 이렇게 내려갈 수는 있죠. 근데 정말 내 세포의 시작까지, 엄마 아빠가 만나 가지고 자기들이 한 걸 가지고 내가 막 분석해. 내 부정의 끝. 나 스스로를 부정하는, 거기까지 가면 정말 내가 하는 건 다 틀리고. 왜냐하면 잘못 태어났으니까. 태어날 사람이 아닌데 태어났으니까. (울음)

——그러니까 뭔가 결과를 내야 될 것 같은 거야. 태어나 버렸어. 태어났으니까 뭐라도 하나 도움 되는 사람이 되어야 하지 않을까.

　　맞아, 언니. (울음)

——내가 바다랑 했던 말 중에 항상 내가 마음에 품고 있는 게 서로의 삶을 허락해 주자는 말인데. 그게 나한테 얼마나 큰 건지 기억해 줘.

　　너무너무 무슨 말인지 알겠어요. 애 낳은 친구들이 그러잖아요. 진짜 힘든데 애기가 웃으면 그렇게 행복하고 예쁘다고. 나도 엄마한테 그런 존재였을까? 그런 시기가 있었을까? 묻고 싶은데 묻지는 못하고.

——엄마한테 당장 묻지 못한다는 것 자체가 여전히 삶이 소중하지 않다는 뜻이기도 하지. 근데 나한테는 아니어도 누군가한테는 소중할 수 있잖아. 나한테는 바다의 삶이 그래. 바다랑 내가 서로 삶을 허락해서 같이 살았으면 좋겠어.

　　논문 읽을 때, 다른 분들 거는 '와, 이분도 이렇게 힘들었구나. 진짜 힘들었겠다.' 너무 마음이 아프고 그랬는데 제 걸 읽을 때는 너무너무 좋았어요. 뭔가 진짜 이 사람이 내 이야기를 마음 깊은 곳에서부터 듣고 느꼈구나. 그래서 막 이미지도 만들고 그랬는데. (울음)

바다는 눈물 콧물 다 흘려 가며 울었다. 너무 개인적인 이야기들이라 이 글에 다 담지는 못했지만, 바다에게 꼭 알려 주고 싶었다. 내가 했던 말들이 그저 허울 좋은 말들이 아니었음을. 3년 전과 다르지 않더라도, 오히려 병이 더 악화됐을지라도, 그와 상관없이 네가 살았으면 좋겠다는 말에는 한 치의 거짓도 없다고. 사람들은 결핍을 꺼낼 때 상대가 나의 결핍을 약점으로 삼지 않을까 걱정한다. 나 역시 그렇다. 아무리 좋아하는 사람이라고 해도 삶을 사랑할 수 없는 이야기를 늘어놓으며 내가 겪었던 일들을 꺼내는 일은 두렵다. 그러나 가끔은 결핍마저 함께 나누고 싶은 사람을 만나기도 한다. 불행 배틀이 아닌 공감. 너의 힘듦을 감히 내가 조금은 이해할 수 있다고 꽁꽁 숨겨 두었던 한 조각을 꺼내는 일. 그리고 그 조각이 상대의 마음에 '톡' 하고 들어맞을 때 삶이 꽤 괜찮다고 여겨진다.

우리는 영영 엄마에게 100점짜리 딸이 될 수 없을지도 모른다. 어떨 땐 50점도 안 되는 딸일 수도 있다. 그것이 우리가 죽어야 하는 이유가 될 수 없음을 기억하자. 먹고 토하는 날이 조금 더 길어진다고 해도 결코, 삶을 포기하지 말자. 요즘 들어 바다 입술에 침독이 오르고 위장이 아픈 날이 많아진 것 같아 먹고 토하는 걸 조금씩 줄였으면 하는 바람은 있지만, 그보다 더 큰 바람은 우리가 같이 사계절을 맞이하는 해가 오래오래 이어지는 것이다. 나를 위해 울어 주었던 네가 있어서 나 또한 어떤 하루를 살아 낼 수 있었으니까.

나를 사랑하나요?
내가 여기 있다는 걸 알아주세요

섭식장애의 원인을 찾아 헤매던 중 만난 기적 같은 문장이 있습니다. "부모 사이에 문제가 있을 때 자녀는 문제 행동을 보일 뿐 아니라 특정한 신체적 증상도 보인다. 대표적인 신체적 증상은 거식증, 폭식증과 같은 식이장애다."*

'다이어트에 미친 사람들이 걸리는 병'이라는 말에 반박할 근거를 찾은 것 같아 기뻤던 기억이 납니다. 당시에는 '연구 논문'이라는 것의 존재도 몰랐기에 섭식장애가 애착과 얼마나 큰 연관이 있는지 한참 뒤에야 알았던 기억도요. 국내외 연구를 찾아보면 부모의 양육 태도, 이를테면 청소년기의 과도한 통제나 보살핌 부족 등에 의한 불안정한 애착 관계나 가족 내 건강하지 않은 의사소통 방식은, 신체에 대한 왜곡된 인지 그리고 섭식장

---

* 최광현, 『가족의 발견』 부키, 2014.

애와 높은 상관이 있다고 해요.

아, '애착'에 대한 설명이 필요하겠네요. 애착이란 생애 초기에 부모와 같은 주 양육자와의 관계에서 얻는 정서적 유대감을 뜻합니다. 애착 인형이라거나 애착 이불이라는 말을 쓰잖아요? 늘 덮는 이불을 통해 정서적 안정감을 느낄 수 있듯이 '관계'에서도 그러한 안정감과 친밀감을 경험한다는 뜻이죠.

그런데 만약 주 양육자인 엄마나 아빠와 사이가 좋지 않거나 집 안 분위기가 살얼음판 위를 걷는 것처럼 불안하다고 생각해 보세요. 그 관계에서 안정감을 느낄 수 있을까요? 또는 가족들이 이야기할 때마다 언성을 높여 서로를 비난하고 무시한다면 어떨까요? 이런 불안정한 애착 관계가 섭식장애의 원인이 될 수 있습니다. 바다는 엄마와 아빠 사이에서 누구 편을 들어야 할지 몰라 고민했고, 엄마가 자신을 싫어하거나 버릴까 봐 불안해하며 어린 시절을 보냈습니다. 어른이 되어서도 엄마의 사랑과 애정을 잃고 싶지 않아 몸무게에 집착하게 되었고요. 나중에는 '왜 나는 있는 그대로 사랑받을 수 없지? 엄마는 내가 태어나서 좋았을까?'라며 자신의 존재를 부정하기도 했습니다.

저도 비슷한 고민과 불안을 아주 오래 품고 있었어요. 부모님이 싸우는 날이면 집에 있는 온갖 위험한 물건을 숨기기 바빴고 엄마가 우리를 두고 도망가지 않을까 무서웠습니다. 어떤 때는 그냥 도망갔으면 싶기도 했어요. 저는 너무 어렸고 할 수 있는 게 아무것도 없었습니다. 누구를 맘껏 미워하지도 사랑하지도 못했어요. 저 자신조차도요. 그저 살아남는 것이 목표인 날들이었어요.

그거 아세요? 아무리 사소할지라도 부모의 다툼은 아이에게 지옥입니다. 일관적이지 않은 사랑, 조건적인 사랑은 사랑으로 와닿지 않아요. 그런 불안 속에서 아이들은 힘들다는 표현은커녕 말도 제대로 못 합니다. 그렇게 버티고 버티다 저도 모르게 나타나는 신체 반응들이 있고, 섭식장애는 그중 하나입니다. 모든 것을 부모님이 잘못했다고 비난할 수는 없어요. 어른들에게도 각자의 힘듦과 어려움이 있다는 걸 아니까요. 하지만 아이들이 어떤 형태로든 신호를 보낼 땐 무조건 혼내거나 나무라지 말고 한 번 더 생각해 주세요. 눈을 바라보고 귀 기울여 들어주세요. (부모님만이 아니라 아이와 관계 맺는 모든 어른에게 부탁드립니다. 가족의 형태가 다양해진 만큼 주된 애착 대상도 아이마다 다를 테니까요.)

세 번째 이야기

다운

'나'를 표현할 수 있는 것이 있다면?

"저는 돈 안 되는 활동 싫어하고, 저녁에 술 먹고
노는 행동, 돈 많이 쓰는 여행은 극혐하고 돈 되는
일은 엄청 좋아하거든요. 인공지능은 저랑 비슷하게
효율적인 방향을 추구하는 것 같아서요."

다운

나이	31세
유병 기간	10년 이상
현재 섭식장애 여부	O

어린 다운은 먹는 것과 뛰어노는 걸 참 좋아했다. 잘 먹고 잘 놀다 보니 키가 쑥쑥 자라 초등학생 때 이미 168cm였다. 또래보다 키가 큰 걸 제외하면 마냥 신난 어린이였다. 중학생 때는 공부에 눈을 떴다. 공부에 제대로 집중하고 싶어서 스스로 '특목고 진학'이라는 목표를 세웠다. 당시 지역 균형 선발제가 있어 가고 싶은 학교에 가려면 이사를 하는 게 유리했는데, 가족 모두가 다운을 위해 옮겨 갈 수는 없었다. 그래서 열다섯 살에 첫 자취를 시작했다.

혼자 원룸에 살면서 중학교에 다녔어요. 그때 공부를 진짜 열심히 했었어요. 그래서 처음에 (고등학교) 갔을 때는

되게 성적이 낮았거든요. 근데 그때 한 6개월 만에 반 2등

인가? 이렇게 된 거예요. 열심히 해서. 그때 진짜 치열하

게 맨날 공부만 했거든요. 학원에서도 막 밤 열두 시까지

하고 어쩔 땐 새벽 두 시?

혼자 지내면서 성적에만 매달리다 보니 온종일 앉아 '공

부하고 먹고 공부하고'의 반복이었다. 몸무게가 10kg 이상

늘었다. 주말마다 오던 엄마가 하루는 오자마자 "왜 이렇게

살이 쪘냐."고 화를 냈다. 배가 임신부 같다고 나무라면서.

그래도 다운은 크게 개의치 않았다. 문제는 외로움이었다.

살이 찌는 건 괜찮았는데 점점 혼자 지내는 게 힘들어졌다.

가고 싶은 학교에 대한 마음도 식었다. 굳이 혼자 나와 살아

야 하나 싶어 엄마에게 돌아가겠다고 했다. 그렇게 다운은

원래 다니던 학교로 돌아왔다. 특목고를 준비했던 실력 덕

에 중학교 3학년 1학기에는 전교 2등을 했다. 본가에 돌아

오니 여유가 생겨 살도 건강하게 뺐다. 공부를 잘하고 마르

기까지 한 다운은 금세 친구들의 부러움의 대상이 되었다.

전체 학생이 한 620명이 있었거든요. 620명 중에 2등을

한 거예요. 2학기 때는 전교 5등인가? 그리고 제가 그때

바지 입고 다녔거든요. 교복 바지를. 그러니까 애들이 되

게 좋아하고, 멋있다고. 약간 기분이 좋은 거예요. 그래서 이제 특목고를 지원했어요.

자신감이 붙은 다운은 살고 있던 지역 내 기숙사형 특목고에 진학했다. 설레는 마음으로 시작한 고등학교 생활은 공부가 전부였지만, 문제는 그게 아니었다. 중학생 때와는 달리 이미 선행 학습을 끝내고 온 친구들을 따라잡기가 너무 힘들었다. 교실에 앉아 있으면 무력감이 밀려왔다. 그곳에 친구들이 부러워하던 다운은 없었다. 결국, 다운은 일반계 고등학교로 전학을 갔다. 하지만 한번 꺾인 사기는 돌아오지 않았고, 수능도 치고 싶지 않았다. 대학에 가지 않으면 뭘 해야 하지? 한국을 떠나 보자, 라는 마음으로 엄마 몰래 일본어 공부를 시작했다.

고3 여름쯤에 엄마가 제 방을 뒤진 거예요. 일본어 공부한 거 다 발견하고 너 이거 뭐냐고, 너 지금 엄마 속인 거냐고 그래서 제가 말했죠. "엄마 나 수능 안 치고 그냥 일본으로 유학 가고 싶다." 그러니까 엄마가 처음에는 완전 절대 안 된대요. 근데 제가 계속 보채니까 가라고 하더라구요.

유학 생활 초반은 마냥 즐거웠다. 친구들과 맛있는 음식을 먹으며 일본을 만끽했다. 그러나 1년이 지나자 향수병이 찾아왔다. 일본에서의 하루하루가 너무 버거웠다. 나중엔 한 달에 한 번씩 한국에 갈 정도로 마음이 힘들었다. 책임감을 지지대 삼아 어떻게든 버텨 보려 했지만 돌아올 수밖에 없었다. 이렇다 할 수확 없이 돌아온 한국에서 뭘 할까 고민하던 다운은 오빠를 따라 공무원 시험에 도전하기로 했다. 안정적이고 엄마가 좋아할 만한, 안심할 수 있는 길을 걸어야겠다고 생각했다.

오빠가 공무원 준비한다고 하길래, 뭔가 안정적인 직업을 가지면 엄마가 좋아할 것 같다. 그러니까 엄마가 좋아할 만한 인생을 걷자. 그동안 내가 너무 사고를 많이 쳤으니까. 맨날 했다 관뒀다 했다 관뒀다 하니까 효도를 하고 싶은 거야, 엄마한테. 저 공부도 엄마를 위해서 한 거거든요. 그래서 나도 오빠의 길을 걸어야겠다.

1년 반 동안 매일 도서관에서 열 시간씩 공부했다. 그러나 결과는 불합격이었다. '아깝게 떨어졌으니까 한 번만 더 해 볼까?' 싶었지만, 마음이 잡히지 않았다. '다시 한다고 해서 합격할 수 있을까? 이러다 또 안 되면 어떡하지?' 불안감과 회의감이 밀려왔다. 한번 몰아친 부정적인 감정들은 쉬이 사라지지 않았다. 책상 앞에 앉아 책을 펼쳐도 눈에 들어오지 않았다. 한 가지 생각만 떠올랐다. '먹고 토해 버리자!' 스물두 살, 섭식장애가 다운의 세상에 쐐기를 박는 순간이었다.

'아, 햄버거 먹고 싶다. 햄버거 먹고 싶다.' 이 생각만. (…) 어떨 땐 토할 때도 있고 어떨 땐 잘 때도 있고 공부는 전혀 안 되고. 그게 계속 반복되니까 이제는 도서관 간다고 뻥 치고 밖으로 돌아다니면서 계속 뭐 먹으러 다니는 거죠.

해소할 수 없는 감정의 분출구

공무원 시험을 포기한 다운은 죄책감에 시달리다 가출을 감행했다. 어찌저찌 모은 돈으로 복층 오피스텔을 계약해 혼자 살아 보려고 했다. 그러나 이사 당일, 복층에서 떨어져 크게 다치고 말았다. 응급실에 실려 가니 상태가 심각해 수술을 받아야 한다고, 보호자가 필요하다고 했다. 결국 엄마에게 연락할 수밖에 없었다. 집을 나온 지 이틀 반만의 재회였다. 피투성이가 된 다운을 본 엄마는 공무원 시험 준비는 그만두고 자신을 도와 가게에서 일하기를 제안했다.

퇴원하고 한 달 정도 있다가 가게 일을 했어요. 엄마 일할 때 옆에 잠깐 기웃기웃거리면서 서빙하고 엄마가 지시하는 대로 하다 보니까 뭔가 내 나름의, '어떻게 하면은 좀 더 효율적으로 운영할 수 있겠구나.' 이런 게 점점 쌓이는 거예요.

다운은 가게 일에 재미를 느꼈다. 엄마가 고수해 온 방식이 아닌 자기만의 방식을 찾아 적용해 보기도 하고, 식자재를 저렴하게 구매할 방법을 찾는 등 열정이 넘쳤다. 주변 사람들은 '사람은 역시 일을 해야 해.'라고 생각했겠지만, 그가 일에 집중할 수 있었던 이유는 따로 있었다. 일을 시작하고 얼마 지나지 않아서부터 갑자기 토가 잘 나오기 시작했다. 자주 토하다 보니 어느새 루틴처럼 자리 잡았고, 그게 다운의 원동력이 되었다.

가게 일을 하면서 다시 제 패턴을 찾게 됐죠. 그래서 그때부터 내 생활이 규칙적으로 된 거예요. 루틴을 찾게 된 거예요. 토하는 루틴. 점점 규칙적으로 되니까 뭔가 좀 더 삶이 안정적으로 변하더라구요. 토는 하되 규칙적으로 하니까 그리고 계획적으로 하니까 내 삶에 좀 더 원동력이 된다고 해야 할까?

다운은 일을 더 잘하기 위해 토했다. 특히 속이 부대낄 때 토하면 더 큰 쾌감이 일었다. 도파민이 분비되고 무엇에든 집중할 수 있는 상태가 됐다. 다운은 토를 통해 도파민을 조절하고 집중력을 제어할 수 있다고 믿었다. 그런 생각이 깊어질수록 토하지 않을 이유가 없었다.

나는 일할 때 열심히 일하려면 먹고서는 토해야지 일을 잘하더라구요. 그러니까 동기 부여가 되는 거죠. 내가 그 토할 시간을 벌려면 빨리 일을 부지런히 해 놔야지.

인터넷에서 토하는 행위에 죄책감을 느낀다는 사람들을 보면 이해할 수 없었다. 남에게 피해를 주는 일도 아니고, 오히려 자신이 제일 힘들고 괴로운 행위라고 생각했다. 토하기라도 해야 하는 삶을 사는 게 답답하고 화가 나면 났지, 죄책감이나 자책감이 들진 않았다.

다운은 자신이 이런 삶(먹고 토하는 삶)을 살게 된 데에는 가족의 영향이 크다고 했다. 부모님이 일찍 이혼하셔서 아빠의 빈자리가 컸고 무엇보다 엄마에게 정서적으로 의지하거나 수용받지 못했다. 항상 외로웠다. 여자 혼자 아이 둘을 키우는 게 결코 쉽지 않음을 알지만, 자식으로서 사랑받고 싶은 마음이 있었다. 있는 그대로의 나로는 안 된다는 생각

에 공부나 성공에 더 매달렸다. 뭐라도 해서 엄마에게 도움
이 되고 싶었다. 인정받고, 사랑받고 싶었다.

항상 엄마랑 얘기하면은 안 통한다는 게 너무 느껴지는
거예요. 저는 항상 뭔가 따뜻함을 원했거든요. 엄마가 내
이야기, 내 감정에 대해 알아주고 네가 지금 외롭구나, 그
리고 네가 뭘 좋아하는구나 (알아주길 바랐어요).

그러나 돌아오는 건 "네 탓이야."라는 말뿐이었다. 엄마
는 재혼한 남편과 다투는 것도, 가게가 잘 안되는 것도 전부
다운의 탓이라고 했다. 그런 말을 계속 듣다 보니 문득 자신
이 엄마를 만족시킬 수 있을지 의심스러워졌다. 아무리 애
를 써도 엄마와 가까워질 수 없을 것 같다는 생각이 들었다.
그런 생각이 들면 끝없이 우울해졌다. 우울해지면 어떤 일
에도 집중할 수 없었다. 그런 우울함, 막막함, 무력감을 해소
해 주는 게 토였다. 토할 때 느껴지는 일시적인 쾌감, 그 쾌
감이 다운을 일으켜 세웠다. 다운에게 토는 '나만의 분출'이
자 해결할 수 없는 감정과 상황을 처리하는 유일한 방법이
었다.

쾌감을 즐기는 거예요. 잔뜩 먹었을 때 '아, 괴로워.' 그러

고 토했을 때 뭔가 상쾌해지는 그 쾌감. 나는 그 쾌감을 즐기는 거라고.

하루하루가 달라도 먹고 토하는 일만큼은

가게 일을 돕기 시작하고 얼마 지나지 않아 엄마에게 토하는 걸 들켰다. "너 토하는 거 안다."라는 한마디에 심장이 덜컹 내려앉았다. 편하게 토하려고 가게 근처에 원룸을 구해 혼자 살았다. 눈치 보지 않고 토할 수 있어서 좋았지만, 집이 더러워졌다. 청소를 미루다 보니 변기에 곰팡이가 슬고 집 안에 악취가 진동했다. 차마 '사람 사는 꼴'이라고 말할 수 없을 정도였다. 주로 배달 음식을 먹고 토하니 쓰레기 양도 만만치 않았다. 그 적나라한 모습을 보고서도 다운은 토를 멈출 생각보다 '어떻게 하면 깨끗하게, 티가 덜 나게 토할 수 있을까.'를 고민했다.

엄마가 그때 이사를 간다고 하는 거예요. 집을 지어서. 이층집을 짓는데 1층은 엄마가 살고 2층은 이제 제가 살 곳을, 누군가 살 곳을 만들긴 하겠대요. '만약에 저기로 이사 가면 내가 좀 더 사람다운 삶을 살지 않을까? 토를 하더라도 좀 깨끗하게 하지 않을까?' 그래서 이사를 갔어요.

공간이 분리된다는 말에 엄마 집으로 들어갔지만, 아무래도 혼자 살 때보다는 자유롭게 토할 수 없어서 답답했다. 다운은 작전을 짜기 시작했다. 엄마와 마주치지 않을 수 있는 시간, 그러니까 엄마가 일하거나 자는 시간을 확인하고 계획을 세웠다. 예를 들어, 눈 뜨자마자 먹을 수 있도록 자기 전에 모든 음식을 미리 준비해 두었다. 토할 것을 고려해 하루 중 제일 처음 먹는 음식은 몸에 남아도 많이 신경 쓰이지 않도록 토마토나 과일 같은 가벼운 메뉴로 정했다. 그다음으로 먹을 라면은 면만 넣고 바로 끓일 수 있도록 물과 가루 수프를 미리 냄비에 풀어 냉장고에 넣어 두었다. 마지막은 항상 시리얼과 우유로 마무리했다.

콘푸로스트를 항상 우유, 보통은 거의 이제 저는 두유를 쟁여 놔요. 60개, 70개씩. 두유는 상온 보관이잖아요. 거기다 콘푸로스트 큰 거. 한 이틀이면 하나씩은 먹는 것 같아요. 그것도 다 토해요. 그러면 마지막에 뭔가 이 토마토 같은 게 보이잖아요. '아, 이쯤 됐구나.' 해 가지고 그때부터 샤워를 하면서 액체까지 다 토하는 거예요. 두유 같은 것도 거의 다 나올 수 있게끔.

다운은 하루도 빠짐없이 이 루틴을 지켰다. 조금이라도

더 저렴하게 먹고 토하기 위해 두유, 라면, 시리얼처럼 매일 먹는 음식은 할인이 적용될 때 많이 사서 쟁여 두었다. 들키면 안 되니까 옷장 같은 곳에 숨겨 두었고, 마트에서 배송되는 건 엄마가 집에 없는 시간에 맞춰 받았다.

다운의 루틴은 일할 때에도 이어졌다. 토하고 씻고 집을 나서면 배가 고팠기 때문에 집 주변 마트에 있는 푸드코트에서 밥을 먹었다. 먹은 후에는 어김없이 화장실에 가 토했다. 주로 비어 있는 화장실을 사용했다. 토사물이 튈 것을 대비해 미리 검은 봉지를 챙겨 갔다. 봉지에 토한 것을 변기에 흘려보내고 양치질까지 하고 나면 깔끔한 느낌이 들어 기분이 좋아졌다. 다운은 그 상태를 '도파민 분출' 상태라고 생각했는데 그대로 출근하면 두세 시간은 초집중 상태로 일할 수 있어서 좋았다.

토하니까 기분이 약간 하이 상태가 돼요. 저는 두 시간 반 주기로 토를 하거든요. 한 다섯 시 반 되잖아요. 그때 또 막 배가 고파요. 죽을 것 같아요. 배가 너무 고파서 혼미해져요. 막 일하다가 손이 떨려요. (…) 미역은 또 소화가 잘 안되니까 (토하기 편해서) 먹고, 찌개 같은 거 먹고, 과자 한 몇 개 먹고. 가게 안에 화장실이 있어요. 내부에 다행히도. 가 가지고 토도 전 한 5초 만에 나오니까 욱 하고 나오고 그렇게 하면 (하루에) 화장실 서너 번 왔다 갔다 해요. 보통 사람은 이게 토하러 가는 건지 모르겠죠.

퇴근 후엔 집에 돌아와 천천히 소주 한 병을 마시면서 오전에 먹은 흔적을 정리하고 다음 날 일어나 먹고 토할 것들을 준비했다. 소주를 마실 때는 유일하게 음식 생각이 안 났다. 취해서 잠들 만큼만 마시고 밤 열한 시 정도에 잠들었다. 새벽 네 시쯤이면 일어나 해장을 위해 준비해 뒀던 음식들을 먹고 토하고 다시 잤다. 오전 열한 시, 다운은 익숙하게 냉장고를 열며 아침을 시작한다. 쉬는 날도 비슷하다. 하루를 보내는 구체적인 내용은 다르더라도 '먹고 토하는 루틴'만은 어떻게든 지켰다.

다운의 하루는 여전히 '토'를 중심으로 돌아간다. 그에게 먹고 토하는 행위는 섭식'장애'라고 부르기 모호할 만큼 익숙하고 편안하다. 그는 인터뷰 내내 굳이 치료할 필요가 없다고 느낄 정도로 만족스럽다고 했다.

간편하고 확실한 위로

다운이 처음 섭식장애를 만나게 된 계기는 분명 '다이어트'였다. 종일 먹고 자고 앉아서 공부하느라 급격히 늘어난 체중을 조절하기 위해서였다. 살을 뺀 후에는 예쁘다는 친구들의 칭찬이 좋아서 유지하려고 애썼다. 당시엔 마른 게 예쁘다고 생각했는데 요즘은 오히려 살이 좀 쪘으면 좋겠다고 했다. 자신이 보기에도 너무 마른 것 같아서다. 정확한 몸무게는 모르지만, 마지막으로 쟀을 때가 38kg였다. 키가 168cm니까 10kg 정도는 더 쪄도 괜찮을 것 같다고 생각한다. 요컨대 다운은 더는 살을 뺄 필요도 몸무게에 매달릴 필요도 느끼지 못한다. 그러나 먹토는 더 심해졌고, 심해지고 있다. 이젠 정말 토하지 않는 삶을 상상할 수가 없다. 그에게 섭식장애는 살아가는 데 꼭 필요한 존재가 되었다.

토하지 않으면 저는 행복하지 않거든요. 엄마는 내가 행복하길 바라는데, 나한테 토를 하지 말라? 그럼 내가 불행하길 바라는 건가? (…) 저는 스트레스받는 게 거의 없어요. 그러니까 토를 못 하게끔 하는 게 유일한 스트레스. 나머지는 약간 '그럴 수도 있지?' 그래서 일상생활에 되게 만족하면서 살고. 가끔씩 근데 그럴 때는 있어요. 삼시 세끼 잘 먹고 평범하게 살아가는 사람이 부러울 때는 있는데, 근데 이런 나의 삶의 방식도 있는 게 아닐까?

흡연자들이 담배를 기호품이라고 말하는 것처럼 다운에게 섭식장애는 자기만의 기호, 나아가 삶의 방식이다. 마약

처럼 법에 어긋나는 것도 아니고 타인에게 피해를 주는 것도 아니니까. 유튜브에서 자신보다 증상이 심한 섭식장애 환자들을 찾아보기도 하고 마약 중독 관련 영상들을 찾아보기도 한다. 자기 합리화라는 건 알고 있다. 섭식장애가 건강에 해롭다는 것도 안다. 하지만 술과 담배도 건강에 나쁜데 왜 그건 괜찮고 섭식장애는 안 된다는 건지 이해할 수 없다.

다운은 섭식장애가 주는 좋은 점이 많다고 했다. 보통 사람들이 질병에 걸리는 경로는 주로 음식 때문인 것 같은데, 자신은 토하니까 균에 감염될 걱정을 하지 않아도 된다. (실제로는 위산이 식도를 타고 올라오기 때문에 위험할뿐더러 입안이나 입 주변이 허는 경우가 많다.) 다른 사람들은 토하면 얼굴에 압박이 가해져서 피부가 나빠진다고 하는데 자신은 굳이 힘을 주지 않아도 토가 나오고, 토하면 노폐물이 몸 안에 쌓이지 않아 오히려 피부가 더 좋아지는 것 같다. 나쁜 것만 생각하면 좋을 게 하나도 없지만 좋은 걸 생각하면 나쁜 건 견딜 수 있는 정도다.

가끔씩 토하는 게 피곤하긴 해요. 근데 피곤한데 막상 하면 좋으니까. 담배 피우는 사람들 있잖아요. 빌딩 21층에서 1층까지 내려오는 수고를 하더라도 담배를 피우잖아요. 귀찮은데 가잖아요. 담배 피우는 행복을 느끼려고. 그거랑 똑같은 거죠.

섭식장애는 스트레스뿐 아니라 공허함이나 외로움과 같은 부정적인 감정을 멀리할 때도 좋다. 굳이 다른 사람을 만나 에너지를 쓰지 않고도 간편하고 확실하게 위로를 얻을 수 있다. 다운은 음식이 목구멍까지 차오르게 먹은 뒤 한꺼번에 다 게워 낼 때의 쾌감을 가장 좋아한다. 그 쾌감은 모든 걸 잊게 할 만큼 강력하다. 마치 만병통치약 같달까? "대체제를 찾아 줄 수 없다면 내버려뒀으면 좋겠다. 나는 그저 내 방식대로 살고 있을 뿐이니까." 다운은 쏠쓸한 듯 웃으며 말했다.

죽을 만큼의 고통이 아니면

토하지 않는 사람들을 보면 부럽기도 하고 저렇게 될 수 있다면 치료받고 싶다고 생각하기도 한다. 하지만 이젠 토하지 않는 삶, 섭식장애가 없는 삶은 상상할 수 없어 멀리서 바라볼 뿐이다. 그들과 자신은 이미 다른 곳에 있고 둘 사이에는 건널 수 없는 강이 있다.

점심밥 먹을 때 평범하게 먹는 사람들 보면 부럽잖아요. 부럽다. 부러운데 난 이미 저 범주를 넘었구나, 돌이킬 수 없는 강을 건너왔구나, 이런 느낌이 크죠. 아예 처음부터 접하지 말았어야 했는데.

다운은 루틴대로 토하지 않으면 마음이 우울감으로 뒤덮이고 공허감을 느낀다. 도파민이 나오지 않기 때문인 것 같기도 하고 삶의 원동력을 잃은 것만 같다. 강박적으로 하다 보니 루틴을 따르지 않으면 힘들다는 것인데, 그런 다운의 이야기에 나는 이미 조절할 수 있는 선을 넘은 것 같다고 했다. 다운은 그럴지도 모르고 어쩌면 자신이 정말 자기 합리화에 갇혀 있는 것일지도 모르지만, 설령 그렇다고 한들 섭식장애를 놓을 것 같지도 않다고 말했다. 섭식장애가 없는 시간을 어떻게 채워야 할지 정하지 않은 채 무모한 도전을 하고 싶지는 않다.

이게 없으면은 약간 공허할 것 같아요. 되게. 왜냐면 난 이걸 유지하기 위해 애쓰고 있는 거잖아요. 준비를 하고. 이게 내 인생에서 사라진다 그러면 음식 할 시간도 날아가고 내가 그 시간에 뭘 해야 되나. 그렇다고 제가 취미가 있는 것도 아니고. 그 시간이 허무해질 것 같아요.

다운의 일상은 일과 섭식장애가 전부라고 해도 과언이

아니다. 그래서 다른 일정이 생기는 걸 선호하지 않는다. 친구를 만나는 것도 가능한 한 피한다. 정해 둔 시간에 토하지 못할 경우를 대비해 다른 계획을 세우는 게 여간 번거로운 일이 아니기 때문이다. 언제, 어디서 토할지 미리 정해 두지 않으면 불안하다. 불안함에 질식할 것 같다. 그러니 애초에 그런 상황을 만들지 않아야 한다. 토하면 쾌감도 느낄 수 있고 집중할 수 있는 호르몬이라도 나온다지만, 그 외의 일들은 부질없을 뿐이다.

> 내 인생의 거의 대부분은 토인데 이걸 숨겨야 되는 사람이랑 이야기하는 게, 벽을 두고서 저에 대해서 이야기하는 것 같더라구요. 솔직해지지 못하는 것 같고. (…) 딱히 외로움은 못 느껴요. 토를 하니까 외로움을 못 끼죠. 제가 원래 교류하는 걸 되게 좋아했던 사람이었는데 토를 하고 나서부터 완전히 혼자만의 삶을 살게 됐죠. 그게 가장 큰 것 같아요. 오히려 내 공허함을 채워주는 토가, 새로운 방법, 수단이 생겼으니까 딱히 교류하지 않게 된 거죠.

인터뷰 내내 다운은 외롭지 않다고 했지만 무심코 흘리듯이 외로움에 대해 이야기한 적이 있다. 토하지 않는 삶은 자신의 것이 아니라고 생각하면서도 여전히 토하지 않는 편안함을 꿈꾼다. 어떤 몸이든 눈치 보지 않고 반소매 티셔츠에 짧은 바지를 입고 싶고, 사람들과도 편안하게 이야기하고 싶다. 가끔 마음 맞는 친구를 만나면 토하지 않고 버틸 수 있지만, 집에 오면 참았던 걸 쏟아 내듯 토한다. 그럴 바엔 아무도 만나지 않는 게 낫지 않나?

지금은 토를 참는 게 고통이기 때문에 섭식장애와 함께 살아가고 있지만, 사실 그는 완치될 수 있다면 어떻게 해서든 낫고 싶다. 가능하다고 누가 자신 있게 말해 줬으면 좋겠다. 그러나 반복된 치료 실패 경험으로 '죽음에 가까운 고통'만이 자신을 이 병에서 멀어지게 할 수 있을 거라고 믿게 되었다.

건강에 안 좋다는 거 물론 알고 있죠. 이게 만약에 진짜 끊을 계기가 온다면 내가 정말 진짜 토도 못 할 정도의 아픔이 오면은 토를 안 하지 않을까, 이런 생각이 들어요. 정말 죽을 정도로 아파. 정말 아프면, 토할 생각도 안 떠오를 정도의 아픔 있잖아요. 그럴 아픔이 오지 않으면 못 끊겠다.

나는 다르구나, 더 심각하구나

다운은 치료를 여러 번 시도했다. 열아홉 살에 처음으로 정신건강의학과에 갔고, 스물한 살 때에는 상담을 받았다.

요동치는 마음을 어떻게든 하고 싶다는 생각에 엄마에게 부탁해 10회 정도 받은 상담이었다. 공무원 준비를 그만두고 어지러워진 마음을 정리하고 싶었고, 가능하다면 섭식장애에 관한 도움도 받고 싶었다. 그래서 섭식장애 전문 유튜브 채널을 운영하는 사람에게 연락해 센터를 추천받아 갔다. 상담 자체는 좋았다. 부정적인 감정이 어디서 오는지, 어떻게 다뤄야 하는지 등 평소에는 제대로 알지 못했던 것들과 함께 '나'라는 사람을 깊이 탐구할 수 있는 시간이었다. 하지만 섭식장애는 달라지지 않았다.

옛날에 임상 심리사한테 상담을 받아 본 적 있어요. 엄마한테 약간 진로 상담받고 싶다고 해서 그런 명목으로 한 10회 받아 본 적 있거든요. 그때는 제가 원해서 받은 거였어요. 왜냐하면 너무 마음이 요동을 쳤으니까. 그때 받고서 되게 괜찮았어요. 저에 대해서 많이 알게 됐고. (…) 근데 약간 갑자기 어느 순간부터 토하는 게 너무 쉬워졌어요. 상담이 끝나고, 언제부터인지 모르겠는데 그냥 쉬워지더라구요?

상담은 다운에게 심리학의 재미를 알려 주었다. 그 뒤로 책이나 유튜브를 통해 심리학을 공부하기 시작했다. 하지만 토하는 일이 쉬워지면서 전문적인 상담이나 치료는 관심 밖의 일이 되었다. 다운은 토가 주는 쾌락과 즐거움을 잃고 싶지 않았다. 일할 때나 자취할 때나 마음껏 토하면서 살았다. 그러나 엄마 집으로 들어가 다시 가족들과 함께 살게 되면서 틀어졌다. 엄마는 병을 고치지 않으면 폐쇄 병동에 입원시키겠다고 했다. 처음엔 엄마가 아무것도 몰라서 하는 말이라고 생각하며 무시했지만, 엄마의 닦달은 나날이 심해졌다. 결국, 다시 뭐라도 해야 했다. 집 근처에는 섭식장애 전문 상담 센터가 없어서 즐겨 듣던 심리학 관련 팟캐스트의 호스트에게 조언을 구했다. 섭식장애를 앓았던 경험이 있는 전문 상담사를 추천받아 전화 상담을 10회 받았다.

(상담받을 땐 좀 괜찮아졌었어요?) 아우, 그때도 아니죠. 식이장애를 고치고 싶어서 상담한 건데 식이장애는 고쳐지지 않고 그냥 제 감정, 불안한 감정을 다스리는 방법을 알게 된 것 같아요.

상담은 분명 다운에게 도움이 됐다. 지지해 주는 상담사의 마음은 고마웠으나 정작 다운의 가장 큰 문제이자 고민인 섭식장애는 전혀 나아지지 않았다. 섭식장애를 경험한 상담사는 경험하지 않은 이들과 달리 먹고 토하는 고통에 공감해 주었지만, 그게 끝이었다. 다운이 섭식장애를 놓지 못하는 가장 핵심적인 요소는 '쾌락'이었는데 이 부분을 다뤄 주는 전문가는 없었다. 병원도 똑같았다. 이런 일이 반복되자 다운은 자신의 섭식장애가 다른 사람들과 달라도 너무 다르고, 그만큼 더 낫기 힘들다는 결론을 내렸다. '나는 다르구나, 더 심각하구나.' 다운은 그렇게 다시 자신만의 세계로 돌아갔다.

되게 힘들더라구요. 이게 내가 우울해서 하는 게 아니고 쾌락을 얻기 위해서 하는 거니까. 이 쾌락을 얻을 수 있는 다른 부분을 찾지 않는 이상은 마음 챙김을 통해서도 (낫기가) 어려운 것 같아요. 저 같은 케이스는 많이 드물고. 보통은 우울해서, 짜증 나니까 폭식하고 토하는 거지, 저 같이 그냥 극한의 고통으로 갔다가 게워 내는 이 상쾌함에 중독돼 가지고 반복하는 케이스는 적은 것 같더라구요. 스무 번에서 서른 번 넘게 상담했는데. 진짜 많이 했죠. 기억도 안 날 정도로 많이 했죠. (…) 감정을 다스릴 줄은 아는데 그 쾌락을 잊는 방법은 없더라구요.

병원에서 병원으로, 다시 다른 병원으로
다운이 정신건강의학과에 처음 간 건 열아홉 살, 2014년이었다. 너무 많이 먹어서 배가 자주 아팠고, 당시에는 지금과 달리 토하는 게 너무 고통스럽고 힘들었다. 엄마에게 폭식증인 것 같다고 말하고 함께 병원에 갔다. 병원에서는 졸피뎀(수면제)을 처방해 줬다. 불면증이 있다고, 약을 먹으면 잠도 푹 자고 폭식이나 토도 멈출 거라고 했다. 그러나 약이 잘 맞지 않았는지 정신을 차리고 보면 자다 일어나 폭식한 흔적에 집 안이 난장판이었다. 무의식 속에서 벌이는 일을 감당하기가 두려웠다. 다운은 병원에 가지 않고 약 복용을 중단했다. 스스로 해내는 수밖에 없다고 생각했다. 앞서 말했듯 스물한 살에 상담도 받아 봤지만 섭식장애는 나아지지 않은 채 스물두 살이 되었다. 폭식하는 양을 비롯해 토하는 횟수와 수준이 자신이 보기에도 심각해 용기를 내 이번에는 섭식장애 전문 병원에 갔다. 놀랍게도 결과는 대실망이었다.

제가 토할 때 쾌감이 든다고 처음에 갔을 때 이야기했어요. 그리고 난 토가 너무 잘 나온다, 편하다, 했더니 저한테 지금 위 식도 괄약근이 느슨해져 있어서 잘 나오는 거라고. 그렇게 얘기하고 검사를 받아야 한대요. 이게 비급여라 비싸대요. 20만 원 막 이렇게 한대요. 그때는 혼자 갔고 몰래 간 거니까 "그럴 수는 없다. 안 받으면 안 되겠냐." 했더니 그럼 뭔가 진행이 안 된다는 거예요. 그래 가지고 그냥 나왔죠. '아, 뭐야. 저 권위자라고 하는 의사가 나한테 비싼 검사만 받게 하네?' 약간 이런 생각이 들었죠.

다운은 3년 뒤인 2017년, 같은 병원을 한 번 더 내원했다. 하지만 돌아오는 말은 똑같았다. "정해진 검사를 받지 않으면 치료가 진행되지 않는다. 상담을 병행하지 않으면 안 된다." 절실한 마음으로 찾아간 곳에서 돈이 없으면 치료를 시작할 수도 없다는 말에 다운은 좌절했다. 당연히 그들도 돈을 벌어야 먹고살겠지만, 환자에 급을 나누는 것 같아 불쾌했다. 어차피 토도 잘 나오고 크게 불편한 것도 없으니 병원에 간 것만으로 할 일은 다 했다는 생각에 다시는 병원에 가지 않기로 다짐했다. 가 봤자 섭식장애로 쾌락을 느끼는 자신을 이해해 줄 사람은 한 명도 없을 것 같았다.

인터뷰에 참여하기 반년 전(2021년), 엄마는 다운을 데리고 대학 병원에 갔다. 가게에서는 물론이고 2층에서 밤새 토하는 다운이 걱정됐던 엄마는 대학 병원은 뭔가 다르지 않겠냐며 다운을 설득했다. 하지만 결과는 역시나 실망스러웠다. 이전에 갔을 때와 별반 다르지 않았다. 열아홉 살에 갔을 때나, 스물두 살에 갔을 때나, 스물다섯 살에 갔을 때나 전부 똑같았다. 10년째 같은 설문지를 쓰고 있다는 것과 그에 대한 적절한 설명이 없다는 게 가장 이해하기 어려웠다.

제가 10년 전에 했던 거를 똑같은 걸 또 주는 거예요. 10년 전에 고3 때 이제 동네 정신건강의학과를 갔을 때, 처음 검사했을 때랑 똑같은 설문지를 주면서 약간 한 줄 쓰기 같은 거 있잖아요? 저 그거 다 해 봤자 개소린 거 알거든요. 옛날에도 했을 때 뭐 딱히 없고 그것도 약간 신뢰가 안 가는 거예요. 아니 어떻게 10년 전이랑 똑같은 설문지가 나올 수 있지? 10년이면 강산도 변하는데 구시대적인, 의료가 너무 진화가 덜 된 거 아닌가? 발전이 너무 더디다.

환자는 없고 비싼 치료만 있었다

섭식장애 전문의가 아니었던 대학 병원 의사는 섭식장애 전문 병원으로 가길 권했다. 다운은 이미 전문 병원에 실망한 기억이 있었지만, 그땐 검사를 받지도 않았던 반면 이번에는 치료에 참여했다. 다른 섭식장애 환자들과 모여 앉아 밥을 먹는, 이른바 '식사 치료'였다. 다른 섭식장애 환자들을 만난 건 좋았지만 문제는 치료 방법이었다. 다운을 전혀 고려하지 않은, 매우 일방적이고 단면적인 치료였다.

다운은 먹는 행위 자체를 거부하지 않았다. 오히려 너무 많이 먹고 토하는 '제거형 폭식증'이었는데 다른 참여자들은 거식증이었다. 준비된 음식은 딱 봐도 500칼로리를 넘지 않는 극소량이었고, 치료사들은 물도 마음대로 마시지 못하게 했다. 다운은 화가 났다. 그뿐만이 아니었다. 병원에서 엄마에게 전해 준 식단에는 섭식장애를 앓기 전에도 좋아하지 않았던 메뉴들이 있었다. 섭식장애여서 먹지 못하는 게 아니라 원래 좋아하지 않는 음식이었음에도 환자라는 이유만으로 취향까지 부정당하는 것 같았다. 치료받는 환자가 철저히 무시된 방식이었다.

네, 완전 강압적. 그리고 점심 간식 뭐 고구마나. 근데 저는 요플레는 토할 때도 안 먹는 거거든요. 요플레 신맛을 되게 싫어해 가지고. 근데 엄마는 곧이곧대로 "이대로 먹어야 된다. 엄마가 다 해 주겠다. 삼시 세끼, 간식 다 해 주겠다. 혼자 말고 같이 먹자. (먹는 걸) 다 봐야 된다."

치료는 다운과 엄마의 관계를 악화시켰다. 엄마는 병원에서 준 식단에 무조건 따르기를 강요했고, 심지어 먹고 토하지 않는지 감시하기 위해 화장실 문을 항상 열어 두라고 했다. 샤워를 할 때든, 볼일을 볼 때든, 언제든 간에. 엄마는 병원에서 지시한 대로 최선을 다해 치료에 협조했지만, 결국 어떻게든 토하는 다운을 보며 지쳐 포기했다. 한편 다운은 치료를 시작하고 한 달 뒤부터 병원에 가지 않았다. 그렇게 원래의 일상으로 돌아왔다. 다운이 느끼기에 그곳에서의 치료는 환자를 돈벌이 수단으로만 볼 뿐, 자신들이 만든 틀에 환자를 억지로 끼워 맞추는 시스템이었다. 누가 어떤 치료를 하는지, 그 치료가 왜 필요한지 등은 제대로 설명해 주지 않았다. 의사와 마주하는 것은 고작 5분이었고, 간호사가 진행하는 심리 상담과 식사 치료는 1회에 25만 원이었다. 치료가 된다면야 그에 상응하는 비용을 내겠지만, 처음부터 끝까지 전혀 믿음이 가지 않았다. 다운은 섭식장애 커뮤니티에 해당 병원을 검색해 후기를 찾아봤다.

인터넷 카페에. 병원 이름 치니까 저 같이 느끼는, 저 같이 피해당한 사람이 많더라구요. 간호사가 한다고 제가 엄마한테 이걸 보여 줬어요. 엄마, 간호사가 나를 상담하고서는 그 돈을 받아 간 거라고. 이거 사기꾼이라고. 엄마가 그걸 보고서는 알겠다고 하고서는 안 가게 됐죠.

다운은 엄마가 그 일을 계기로 치료를 포기한 줄 알았다. 그러나 인터뷰를 시작하기 2주 전, 다시 폐쇄 병동 이야기가 나왔다. 다운은 엄마의 마음을 모르지 않았다. 혹여나 다운이 큰 병에 걸리거나 먼저 죽을까 봐 불안해서 더 거칠

게 표현한다는 걸 알면서도 한편으로는 엄마에게 자신이 정말 골칫덩어리인 것 같아 슬펐다. 삶의 방식으로 인정해 주지 않는 것까지는 괜찮았지만, 폐쇄 병동에 넣어 버리겠다는 말은 몇 번을 들어도 충격적이고 상처였다. 다운은 엄마를 안심시키기 위해, 엄마와의 관계가 더 악화되기 전에 다시 치료받아야겠다고 생각했다. 치료받는 척이라도 해야겠다고. 이미 여러 차례 실망스러운 치료 과정을 경험했기에 '낫기 위한 치료'를 기대하지는 않았다. 하지만 덜 강압적이고 편안한 분위기에서 자신의 상태를 이야기하고 싶었고, 그럴 만한 사람을 찾았다. 유튜브에서 알게 된 섭식장애 전문의였는데 지금까지와 달리 첫 만남이 꽤 만족스러웠다.

가서 이 얘기를 했어요. "제가 루틴이 있다. 이게 내 삶의 모티베이션이 된다. 조금 더 내가 활동력 있게, 뭔가 부지런하게 할 수 있는 그런 원동력이 된다. 나한테 토는." 근데 그 원장이 얘기를 다 듣고 이해가 된다는 거예요. 저한테. "그럴 수도 있지." 하는 거예요.

"그럴 수도 있지."라는 한마디가 다운의 의심을 훅 누그러뜨렸다. 처음엔 45분에 12만 원인 상담을 받아야 한다고 했지만, 다운은 굳이 비싼 치료를 받고 싶지도 않고 엄마에게 보여 주기 위한 구실로 오는 거니까 2주에 한 번씩 와서 약만 처방받고 싶다고 말했다. 의사는 그렇게 해도 괜찮지만, 그렇게 되면 앞으로 자신이 해 줄 수 있는 건 5분 남짓의 상담과 약 처방뿐이라고 했다. '아, 이 사람에게도 나는 돈이 되지 않는 환자구나.' 싶었다. 결국 비싼 비용을 치르지 않으면 전문적인 치료는 받을 수 없는 것, 그 치료가 진정 필요하고 도움이 된다고 확신할 수도 없는 것이 섭식장애 환자의 숙명이구나, 생각했다.

내 마음을 들여다봐 줬으면 좋겠는데 그게 시간적으로도 안 되잖아요. 마음을 들여다보려면 길게 이야기를 나눠야 되는데 길게 이야기 나눌 수 있는 환경이 안 되다 보니까. 의사를 만나도 길어 봤자 10분이거든요. 만약 부모님의 도움을 받아 비싼 치료를 받아도 부담감이랑 죄책감에 더 힘들어지죠. 이렇게 큰돈을 쓰면서 낫지 않는다면, 이렇게 부모님께 경제적으로 타격을 주는데도 '왜 나는 안 나을까?' 이 굴레. 또 자책하고.

다운은 전문가들이 알고 있는 섭식장애 기준에 자신은 해당하지 않는 것 같다고 생각했다. 물론 외로움이나 공허함을 채우기 위해 먹고 토하는 것도 맞지만 그것이 주는 '쾌락'이 핵심인데, 다운의 이야기를 들은 의사들은 하나같이 낫기 힘들다고 말할 뿐이었다. 다운 자신이 포기하기 전에 의사들이 먼저 포기했다.

나는 이 쫄쫄 굶는 것도 즐기고, 쫄쫄 굶었을 때 입안에 뭔가 들어온다는 이 쾌감, 쾌감을 즐기는 거예요. 그리고 잔뜩 먹었을 때 '아, 괴로워.' 그러고 토했을 때 뭔가 상쾌해지는 그 쾌감. 나는 그 쾌감을 즐기는 거라고 했더니 그러면은 임상 심리사한테 45분 동안 (상담받아도) 그런 게 전혀 안 먹힐 거라고 하더라구요. 그 전문의도.

상담 센터에서도 병원에서도 자신은 '일반 섭식장애 환자'의 범주에 들지 못하는 것 같았다. 치료에 점점 회의적인 마음이 들었고, 개개인을 고려하지 않은 치료 방법을 고수하는 곳에서 자신을 주먹구구식으로 끼워 맞춰 치료받고 싶지도 않았다. 그 과정은 오히려 스스로를 더 미워하게 만들 뿐이었다. 그냥 섭식장애를 받아들이는 게 편할 것 같았다. '나는 낫기 힘들다고, 전문가들도 어렵다고 하니까 그냥 이렇게 살자.'라고 결론을 내리는 게 최선이었다.

내 삶을 다시 살고 싶다

현재 다운에게 섭식장애는 애증이다. 삶의 방식이기도 하고 자신을 즐겁게 해 주기도 하지만, 즐거움은 아주 잠깐일 뿐 오래 이어지지 않는다. 그 잠깐을 위해 일상을 전부 포기하고 매달리는 자신이 답답하고 불쌍하다. 솔직히 말하면 평범하게 먹고 사는 사람들이 부럽고, 자신이 놓지 못하는 쾌락을 경험하지 않은 이들이 부럽다. 시간을 되돌릴 수 있다면 먹고 토하는 자신을 어떻게든 뜯어말리고 싶다. 그러나 과거로 돌아가는 건 불가능하므로 병을 받아들이고 사는 수밖에 없다. 이미 자신은 섭식장애가 주는 쾌락에 중독되었고 그걸 대체할 방법은 없으니까. 삶의 방식이라고 말했지만, 마음 한편에서는 '그게 무슨 방식이야!'라고 다른 누구도 아닌 자신이 화내고 있다.

그냥 항상 스스로 질책하고 '난 왜 이러고 사는 건가.' 생각이 들기도 하고. 막상 토하고 나면 기분 잠깐 좋아지고 또다시 가라앉으면 또 기분 올리려고 토하고 반복. (…) 옛날에 참아 봤을 때 하루에 한두 시간 자니까 미칠 것 같은 거예요. 잠도 안 오고 머릿속엔 온통 토하고 싶다는 생각뿐이니까 미치겠더라구요.

처음 토했을 때만 해도 병이라고 생각하지 않았다. 섭식장애라는 병이 있는 줄도 몰랐다. 그저 기가 막힌 방법을 발견했다고 생각했다. 하지만 1년, 2년 시간이 흐르면서 뭔가가 잘못돼도 단단히 잘못됐다는 걸 깨달았다. 알면서도 토하기 위해 모든 걸 포기하고, 몸이 망가지는데도 멈추지 못하는 자신이 싫었다. 이제 정말 그만해야 한다고 생각했을 땐 이미 너무 늦은 상태였다.

다운은 섭식장애가 일종의 '불치병'이라고 생각한다. 평생 고칠 수 없는 병이라고 생각하면 차라리 마음이 편하다. 이미 해 볼 만한 노력은 다 해 봤다 싶고 어쩔 수 없다는 마음으로 살고 있다. 의지박약이라고 비난하는 사람들을 만나도 별 타격이 없다. 이 병에 대해 잘 모르고 겪어 보지 않았기 때문에 저런 순진한 말을 할 수 있다고 생각한다. 그 순진함이 부럽기도 하다. 그래서 누군가 이 병에 발을 담그겠다고 하면 무조건, 무슨 일이 있어도 막고 싶다.

발 담그려는 사람들 보면 다 막고 싶죠. "너 인생 X 된다. 진짜. 평생 너 못 헤어 나온다. 하려고도 하지 마." 이렇게 이야기하고 싶죠. 누구보다 말리려고 할 걸요?

돌아갈 수만 있다면 섭식장애 전으로 돌아가고 싶다. 이제는 기억도 잘 나지 않는, 토하지 않는, 섭식장애가 없는 자신의 삶을 다시 살고 싶다. 그때의 나는 무엇을 하고 있었지? 어떻게 살았었지? 만약 병에 걸리지 않았다면 현재의 자신은 어떤 모습일지 궁금하기도 하다.

나을 수 없는 병이라고 생각하면서도

나을 수 없는 병이라고 생각하면서도 다운은 마음 한편에 희망을 품고 있다. 자신에게도 잘 보이지 않을 만큼 흐릿하고 작은 희망이지만 분명 존재한다. 있다고 말하기도 조심스럽지만, 미래의 나는 어떻게 될지 모르니까 미래를 마냥 부정적으로 보고 싶지 않다. 당장 토를 멈추는 건 힘들어도 필요하다면, 가능하다면 줄여 보고 싶다. 예를 들어 나중에 가게가 더 바빠지면 중간에 먹고 토할 시간이 없을 수도 있으니까. 그럴 때를 대비해 조금이라도 덜 자극적인 음식을 찾아보고 있다. 섭식장애 때문에 아예 일을 못 하게 되는 건 원하지 않는다. 섭식장애가 있는 채로 일상을 살 수도 있지 않을까. 욕심인가 싶으면서도 일만큼은 포기하고 싶지 않다.

아직은 굳이 내가 줄여야 되나 (싶어요). 지금은 딱 루틴대로 살면 괜찮거든요. 그래서 혹시 나중에 가게가 너무 바

쓰면 한 번이라도 줄여 봐야겠다는 생각은 해요. 완전히 끊기는 불가능에 가깝다고 봐요. 일말의 희망은 있겠지만 아직은 없네요. 또 사람 일은 어떻게 변할지 모르잖아요. 내년에 제가 갑자기 '나 이거 고쳐야겠어. 이대론 안 돼.' 하면서 고칠 수 있는 거고. 그래서 딱히 미래에 대한 결단은 아닌데, 맞아요. 건강만 했으면 좋겠다.

굳이 낫지 않아도 된다고 이야기했지만, 다운은 절실히 치료를 원하고 있다. 토하지 않는다면 어떻게 일상을 보낼지 궁금하다. 궁금하다면, 상상할 수 있다면 아직 희망이 남아 있는 거라고 믿고 싶다. 치료에 지극히 회의적인데도 인터뷰에 참여한 이유가 무엇인지 묻자 다운은 "지금 이것도 시도죠. 시도. 이번을 계기로 조금 더 나에 대해서 알게 되는 것 같아요."라고 답했다. 전문적인 치료를 떠나 자신이 할 수 있는 아주 작은 시도부터 해 볼까 싶다. 그 첫걸음이 이 인터뷰에 참여하는 것이었다.

나는 인터뷰 내내 흑과 백을 오가는 다운에게 나을 수 있다는 확신을 주고 싶었지만 그건 스스로 찾아야만 믿을 수 있으니까, 그저 몇 번이고 묻고 또 물으며 함께 섭식장애 이야기를 나눴다. 솔직하게 그리고 적나라하게. 나는 낫고 싶은 마음 자체가 희망이라고 생각한다. 부디 다운이 자신

안에 있는 희망을 못 본 척하지 않길 바란다.

마지막 인터뷰 날, 다운은 나를 집에 초대했다. (맞다, 그 2층.) 나는 다운에게 왜 만난 지 얼마 안 된 나를 집으로 초대해 이렇게나 많은 이야기를 들려주고 자신을 보여 주냐고 물었다. 이날만이 아니라 다운은 항상 나에게 적극적으로 애정을 표했는데, 어떻게 그렇게까지 할 수 있는지 궁금했다. "제가 진솔 님을 꽤나 사랑해서 그런가 봐요."라고 답하며 웃는 다운의 모습은 이 글을 쓰는 지금도 웃음이 날 만큼 따뜻했다. 인터뷰 내내 다소 차갑고 회의적인 모습을 보였지만, 나는 그가 얼마나 따뜻하고 다정한 사람인지 알고 있다. 그러니 그가 자신에게도 따뜻하게 대해 줬으면 싶다. 그게 사실 치료의 시작일 테니까.

3년 후의 우리

다운은 섭식장애 치료나 회복에 대해 가장 회의적인 참여자였다. 먹고 토하는 루틴을 만들 만큼, 섭식장애가 생활의 중심이자 없어선 안 될 존재였다. 지금도 기억나는 이야기가 있는데 다운의 불안에 대한 것이었다. 먹고 토하지 않으면 짜증이 치밀어 올라 버스를 기다리는 3분, 5분이 죽을 듯이 불안하다고 했다. 모든 일정이 섭식장애에 맞춰져 있는 상태였다. 그래서일까. 아무리 3년이 지났다고 해도 크게 달라지지 않았을 거라고 생각했다. 그저 건강이 너무 나빠지지 않았기를 바랐을 뿐. 그런데 웬걸, 오랜만에 마주한 다운의 얼굴은 전보다 편안해 보였다. 표정이 너그러워졌다고 할까? 무슨 일이냐며, 어떻게 지냈는지 이런저런 이야기를 보따리 풀듯 나누기 시작했다. 곧 조카가 태어난다며 기쁘게 웃는 다운의 입에서 '행복'이라는 단어가 흘러나왔다.

공부 잘하면 좋겠는데. 맞아, 행복한 게 가장 중요하죠. '내(조카)가 어떻게 하면 더 행복해질 수 있을까.' 이런 방법을 잘 알았으면 좋겠네요.

——다운 님 그런 거에 대해 고민 많이 하지 않아요?

저는 모든 상황마다, 그러니까 제가 어딜 가야 한다면 '이 길로 가면 더 행복할까, 아니면 저 길로 가서 목적지에

도착하면 행복할까?' 이런 생각을 해요. 남들은 그냥 빨리 가면 된다고 생각하겠지만 저는 가게 구경하는 거 되게 좋아해 가지고.

나는 깜짝 놀라 예전에는 비효율적인 것을 엄청 싫어하지 않았냐고 물었고, 다운은 그걸 기억하냐며 웃었다. 비효율적인 건 여전히 좋아하지 않지만 그보다 자신이 즐겁고 행복한 게 더 중요하다는 답변이 돌아왔다. 3년 전과 같이 다운의 가장 큰 즐거움인 절약 비법을 마구마구 알려 주기도 했다. 이야기를 듣다 보니 루틴은 어떻게 되었는지 궁금해졌다. 여전히 다운의 삶의 중심일까?

근데 제가 이제 집에 들어가기 전에는 계속 검은콩우유 이런 칼로리 있는 것들만 먹어요. 먹다가 집에 들어가서 제로 음료수 먹다가 딱 한 끼만 먹어요.
——뭐 먹어요?
그냥 여러 가지. 처음에 된장찌개, 된장국 먹었다가 치킨. 어제는 치킨 그다음에 닭. 닭이 아니고 감자탕 순살. 뼈 다 버리고 순살만 먹은 거. 그거랑 그다음에 깍두기도 먹고. 그냥 국물 같은 거 계속 먹고 차가운 얼음물 먹고. 전날 다 준비해 놓은 거고 세팅하는 것도 얼마 안 걸려요. 세

팅도 한 20분, 30분?

──3년 전에는 세팅 장난 아니었잖아요.

　　이젠 그 옷장에 넣어 둔 것(라면, 두유 등)도 다 정리하고 하루에 한 끼 먹고 그것만 토해요.

──그러면 음료는 다 소화하는 거네요?

　　오히려 제가 고체로 된 음식을 안 먹는 게, 위로 들어갔을 때 소화가 안 돼서 답답한 느낌이 드니까 안 먹는 것 같아요. 뭔가 위 안에 고체가 있다. 이거 소화 안 돼서 일하거나 돌아다닐 때 힘들 것 같아서 안 먹는 것 같아요.

　　어떤 이는 뭐가 달라진 거냐, 나아졌다고 할 수 있는 거냐고 물을지도 모른다. 하지만 다운을 오래 지켜본 나로서는 그가 토하는 횟수를 줄이고 액체류라도 제대로 소화하는 모습이 아주 놀랍고 신기했다. 심지어 밖에서 토하는 일도 없다고 했다. 예전에는 마트를 돌아다니면서 폭식하고 토했는데, 이젠 그러지 않는다고. 10년 넘게 매끼를 토하고, 토하기 위해 먹고, 토하지 않으면 불안해서 아무것도 할 수 없다던 다운은 아르바이트를 늘려 생활비를 충당하고 저축도 하고 있다. 건강을 위해 병원도 꼬박꼬박 간다. 무엇이 그를 변하게 만들었을까?

——3년 전이랑 뭐가 달라진 것 같아요?

지금은 오히려 '그때 내가 왜 불안했을까.' (생각해요.) 지금은 불안의 원인을 알죠. 내 돈이 아니었으니까. 옛날에는 다 엄마 돈 주고 사서 먹고 토하고 그랬잖아요. 그리고 너무 자주 하니까 돈도 많이 나갔었죠. 지금은 하루에 한 번이지, 막 폭식하지도 않으니까.

——그러게, 토하는 거 훅 줄였네요. 옛날에는 무조건 세
  번 이상이었는데.

그쵸. 아마 그게 우유 같은 칼로리 있는 걸 낮에 먹으니까 낮에 토하는 횟수가 훅 줄었죠. 지금은 하루하루 제가 되게 만족하며 살거든요? 행복하고. 옛날에는 힘들었는데 굳이 기억하지 않아요. 기억도 잘 안 나고요.

——몸은 괜찮아요? 그때 치아 치료 때문에 걱정 많이 했
  었잖아요.

치아는 착색이 많이 됐을 뿐이지 기능적으로 괜찮대요. (다행이다!) 제가 한창 커피 많이 마셨을 때가 있는데 그때 착색이 많이 된 것 같아요.

——근데 어떻게 줄였어요? 루틴을 어떻게 바꿨대?

모르겠어요. 어느 날 갑자기 이렇게 되더라고요. 그냥 점점 나에 대해 알아 가면서 죽을 때까지 정확히 파악을 못 할 것 같다는 생각이 들었어요. 시도 때도 없이 사람이

바뀌더라고요. 제가 원래는 밀키스도 안 마셨거든요? 무
조건 흰 우유만 마셨는데 갑자기 이번에 여름 되니까 밀키
스 같은 게 당기더라고요. 박카스나 이런 것도. 그래서 가
게에 있는 박카스 한번 먹어 봤어요. 그것도 괜찮은 거예
요. 맛있고. 그래서 몇 달 전부터 밀키스나 야쿠르트나 이
런 거 먹기 시작했어요.

'어느 날' '갑자기' 변화는 그렇게 찾아오기도 한다. 나
역시 어떻게 섭식장애에서 벗어났느냐는 질문에 항상 어떻
게 대답해야 할지 몰라 고민한다. 어느 날을 기점으로 사라
진 것도 아니고 한 번에 팍 변한 것도 아니다. 그냥 이렇게
저렇게 하다가 문득 '이거 그냥 먹어 볼까?', '오늘은 토하지
말아 볼까?'라는 생각이 하루, 이틀 이어졌다. 잘 되는 날도
있었고 안 되는 날도 있었다. 안 되면 그냥 '안 되는구나.' 하
고 넘겼다. 일희일비하지 않았다. 다운도 비슷하지 않았을
까? '절대 안 돼, 절대 먹을 수 없어.'라며 거부했던 음식이
불쑥 당기는 날이 있었을 것이다. 큰 기대 없이 '한번 먹어
보자.' 하며 시도한 음식을 몸이 자연스럽게 받아들였을 뿐
이다. 그냥 그렇게 포기하거나 단념하지 않고 내 몸의 신호
에 귀를 기울이면 뜻하지 않은 때에 변화는 찾아온다.

——이 병이 나아야 된다는 생각이 아니라.

'그냥 하루하루 행복하게 살자.' 저는 지금 이 순간이 가장 좋아요. 왜냐하면 가장 젊으니까. 젊고 건강하니까 만족해요. 2년 가까이 엄마한테 기생만 하며 살았었는데 요즘은 제가 돈을 버니까. 어떻게 하면 돈을 더 벌 수 있을까 고민하고. 오로지 내 힘으로 (살아가는 게) 가능한 사람이고 이제.

——돈 버는 행위 자체가 좋은 거예요?

돈 버는 게 어떻게 보면 누군가가 제 도움이 필요하니까 저한테 돈을 주고 제가 일을 하는 거잖아요. '내가 누군가한테 도움이 되고 있구나. 쓸모 있는 사람이구나.'를 느끼잖아요. 내 가치를 알게 되죠. (…) '난 이제 100% 내 삶을 책임질 수 있다.' 그런 확신이 드니까 어디를 가도 내 밥벌이는 해 먹고 살겠구나.

——그렇게 되면 오히려 더 많이 먹고 토할 수도 있을 거라고 생각했는데.

아깝죠. 돈 벌 수 있는 그 시간도 아깝고, 먹고 토하는 건 돈 쓰는 일이잖아요. 그니까 둘 다 아까운 거죠.

——진짜 지금은 섭식장애 말고 중요한 게 생겼네요.

예, 재밌어요. 저도 신기해요. 만족스럽고. 가게 일하는 것도 재밌고 청소하는 것도 재밌어요. (…) 어렸을 때는 부모님 돈으로 다 한 거잖아요. 유학도 그렇고 공무원 준비도 그렇고. 그때 죄책감이 컸죠. '나는 진짜 엄마 없으면 못 살겠다.' 돈을 쓰면서 죄책감만 엄청 쌓이고. 엄마한테도 나는 약간 쭉쭉 다 빨아먹는 존재 같은 거예요. 근데 지금은 아무렇지 않은 거예요. 스스로 '성인이 됐구나.' 싶고 그러니까 죄책감도 없고 당당하죠. 엄마한테 "나 돈 많이 벌어." 말하기도 하고.

다운은 가게 일 외에도 프리랜서로 다양한 곳에서 청소 일을 하고 있다. 종종 메신저로 청소하고 있는 모습이나 후기를 보내 주는데, 청소에 소질이 없는 나로서는 무척 신기하고 존경스러웠다. 안심이 되기도 했다. 다운에게 진심으로 즐겁고 보람을 느낄 수 있는 일이 생겨서 다행이라고 생각했다. 다운은 '도파민' 때문에 먹고 토하는 걸 줄일 수도, 멈출 수도 없다고 말했는데 그건 사실 '인정 욕구'가 아니었을까? 자신을 인정해 주는 사람을 만나고 신뢰를 얻고 보람을 느끼는 것으로 욕구가 충족된 것은 아닐까? 그런 의미에서 자신이 할 수 있는 일을 찾아 열심히 달린 다운에게 응원을 보내고 싶다. 어쩌면 다운은 조금 부담스러워할 수도 있겠지만, 3년 뒤의 그는 또 어떤 모습일지 궁금하다. 청소의 대가가 되어 있는 게 아닐까!?

제가 느낀 게, 제 평생 친구가 진솔 님. 죽기 전까지 친구 한 명, 그래도 진솔 님이 있다. 약간 이런 식으로 자주 안 봐도 3년, 5년에 한 번 보더라도 재밌겠다. 얘기하면 서너 시간은 수다만 떨 수 있으니까.

——그치, 그치! 떨 수 있지!

우리는 정상일까, 비정상일까? 여전히 먹고 토하는데 괜찮다고, 잘하고 있다고 말하는 우리를 보며 다른 이들은 뭐라고 생각할까? 가끔 그런 쓸데없는 질문이 들 때가 있다. 자기 합리화나 정신 승리라고 생각하는 사람도 있겠지. 그런데 나는 우리가 포기하지 않았다는 점에서 아직 결론 짓기는 이르다고 생각한다. 그리고 설령 영영 낫지 못한다고 해도 우리는 계속 살아갈 거다. 먹고 토하는 이야기를 질리도록 하면서, 다소 자학적인 개그도 서슴지 않으면서 함께 살 거다. 아프면 병원에 가고 필요하면 치료를 받을 거다. 스케일링도 꼬박꼬박 받고 과민대장증후군을 앓지 않으려면 약도 잘 챙겨 먹어야지. 병과 함께 열심히 살아가다가 어느 날 만나서 또 몇 시간이고 수다를 떨고 서로의 삶을 응원하며 헤어지겠지. 그런 삶도 나쁘지 않지 않나? 완벽하고 완전하지 않아도 행복할 수 있다. 물론, 애초에 완벽하고 완전한 삶이란 없다.

다운은 자신이 살고 싶은 대로 살 거다. 나는 끊임없이 잔소리를 늘어놓다가도 칭찬을 하겠지. 웃기지만 바로 그래서 우리가 친구가 될 수 있는 것 아닐까? 각자도생. 그러나 함께인 삶.

섭식장애의 또 다른 얼굴
'중독'

섭식장애, 특히 먹고 토하는 행위를 통해 '쾌락'을 느낀다고 이야기하는 다운을 보며 놀란 분들이 꽤 있지 않을까 싶은데요. 어떻게 먹고 토하는 게 쾌락이 될 수 있는지 의아하죠? 그런데 저는 다운의 말에 엄청, 정말이지 엄청 공감했답니다. 저 역시 처음 먹고 토했을 때 말로 형용할 수 없는 개운함을 느꼈거든요. 그 개운함이 좋아서, 한편으로는 필요해서, 먹고 토하는 행위에 더 집착했습니다. 음식을 미친 듯이 집어넣는 행위도 비슷했어요. 음식을 먹을 때만큼은 다른 생각을 하지 않을 수 있었고, 그저 '넣고 씹고 삼키고'에만 집중하면 됐으니까요. 물론 반대되는 경우도 있습니다. 스스로에게 제한을 두고 통제를 하면서 만족을 느끼기도 했어요.

섭식장애를 오래 앓은 분들은 거식과 폭식 사이를 오가는 경우가 많은데요. 저도 거식 기간에는 굶고 운동하며 '더 할 수 있을 것 같은데? 음식 필요 없는데?'라는 생각에 꽂혀 끝도 없이 음식을 제한했습니다. 몸이 견디지 못하는 때가 오면 어김없이 감당할 수 없는 폭식에 빠졌고요. 굶다가 갑자기 많은 양을 먹으니 소화가 잘될 리도 없고 음식을 먹는 것에 대한 거부감이나 불안감은 여전하니 토하는 건 당연한 결과였죠. 그렇게 먹고 토하는 행위에 점점 중독되었습니다.

2000년대 이후로 음식이나 섭식 행동의 중독에 대한 연구가 많아졌습니다. 국내 연구에서도 섭식장애 치료를 위해 중독적인 면에 주목할 것을 제안했고요. 모든 섭식장애 환자가 중독에 빠진다고 할 수는 없지만, 많은 환자들에게서 조절하기 힘든 폭식 등 중독적인 특징이 나타납니다. 이에 대해 언급한 건 다운만이 아니에요. 인터뷰 참여자들을 비롯해 제가 만난 많은 이들이 "멈추고 싶은데 멈출 수 없어요."라고 토로했습니다. 낫고 싶다고 말하면서도 섭식장애를 쉬이 놓지 못했죠. 왜일까요? 삶에서 섭식장애가 너무 많은 역할을 맡고 있기 때문입니다. 예를 들면, 폭식을 하는 이들은 음식을 먹는 행위 자체로부터 음식에서 느껴지는 맛, 혈당이 올라가면서 증가하는 에너지, 감정 조절 등의 보상을 얻어요. 그리고 그게 삶의 유일한 즐거움이라고 말합니다. 나의 유일무이한 즐거움을 포기해야 한다면 누가 쉽게 그렇게 하겠다고 할 수 있을까요?

그래서 저는 상담을 할 때 우리가 섭식장애를 통해 얻는 좋은 점들을 인지하고 인정하는 것부터 시작합니다. 다들 섭식장애가 나쁘다, 악이다, 문제다, 라고만 하는데 그걸 알면서도 놓지 못하는 데엔 조금이라도 좋은 점이, 이득이 있기 때문일 테니까요. 그리고 당장 섭식장애 증상이 사라지거나 개선되지 않더라도 일상생활을 유지하면서 다양한 경험을 하기를 권합니다. 친구를 만나든 영화를 보든 산책을 하든 뭐든 해 보는 거죠. 우리 삶에 섭식장애 말고도 다른 많은 것이 존재한다는 것을 상기시키는 게 중요해요. 다운이 경제 활동에 눈을 뜬 것처럼 말이죠!

이는 비단 섭식장애 환자들에게만 해당하는 이야기가 아닙니다. 먹방 시청이나 맛집 탐방이 대표적인 취미이자 스트레스 해소 방법이 된 지금, 여러분의 삶에는 그 외에 어떤 즐거움이 존재하나요?

네 번째 이야기

재연

'나'를 표현할 수 있는 것이 있다면?

"섭식장애를 앓을 때는 아무래도 장미처럼 겉만
아름다워 보이려 가꿨고, 그게 예뻐 보였을지는 몰라도
내면에는 항상 가시가 서 있는 듯 예민하고 날카로웠던
부분이 있었고, 남들에게 변덕스러운 감정으로 상처를
줄 때도 있었기에 장미가 떠올랐어요."

재연

나이	27세
유병 기간	약 10년
현재 섭식장애 여부	△

우리가 처음 만난 것은 재연의 인생에서 가장 힘들고 외로운 때였다. 하지만 1년간 거의 매주 만나 이야기를 나누면서 내가 겪은 재연은 자기 일에 열정이 넘치는 사람, 끊임없이 '성장'을 추구하는 사람, 힘들 때조차 주저앉아 있기보다 자신이 할 수 있는 일이라면 무엇이든 도전하는 사람이었다. 아니, 그렇게 해야만 한다고 자신을 몰아세우는 사람이었다. 그건 그가 가진 가장 큰 강점이자 자칫하면 번아웃이 오기 쉬운 약점이기도 했다.

재연은 자주 "후회가 없었으면 좋겠다."라고 말하곤 했다. 할 수 있는 만큼 혹은 그 이상으로 자신을 끌어올려 잘해내고 싶다고. 사소한 일에도 그랬지만 특히 자신이 사랑하는 '춤'에서만큼은 200%의 열정과 에너지를 쏟고 싶어 했다. 좋아한다고 해서 잘할 수 있는 것도, 좋아하는 마음만으로 계속 성장할 수 있는 것도 아니라는 걸 일찍이 알았기에 1~2년으로 포기하고 싶지 않았다. '해 볼 수 있는 데까지 해 보자.' 재연과 이야기하다 보면 내 마음도 저절로 뜨거워지곤 했다.

어쨌든 포기를 하고 돌아섰을 때 남는 한이 더 클 것 같았어요. '얘네도 이렇게 춤추는데 왜 난 못 해.'라는 게 더 클 것 같았어 가지고. 요새는 비전공자들도 충분히 추긴 추는데 그래도 나는 어쨌든 교육이라는 것도 하고 싶어, 이왕 교육하는 거 내가 좋아하는 춤으로 하면. 어쨌든 춤으로 몇 년이라도 활동하고 나서 접으면 차라리 좀 후회가 덜하지 않을까, 하는 마음도 있었고.

춤이 왜 좋았냐는 질문에 재연은 환하게 웃으며 답했다. "그냥 항상 누군가한테 관심받는 게 너무 좋았어요. 내가 잘해서 관심을 받고 누군가한테 '너 대단하다.'라는 말을 듣고 이런 게 너무 좋았어서." 그냥 춤이 좋기도 했지만, 칭찬과 정서적 지지가 부족했던 어린 시절에 선생님과 친구들로부터 받은 인정은 춤에 더 몰두하는 계기가 되었다. 재연에게 춤이란 세상과 소통하는 매개체이자 자신의 존재감을 확인하는 중요한 수단이었다.

집안 형편이 어려워 제대로 된 학원에 갈 수도, 레슨을 받을 수도 없었다. 어린 재연이 할 수 있었던 건 그저 집에서 TV를 보고 따라 하는 것, 일주일에 한 번 문화 센터에서 수업을 받는 것이 전부였다. 그럼에도 재연은 부모님을 원망하거나 집안 형편을 부끄러워하지 않았다. 내가 좋아하고 잘하는 것과 집안 형편은 별개의 문제라고 생각했다. 다른 친구들에 비하면 지원받을 수 있는 여건이 안 됐지만 그래도 노력하면, 열심히 하면 뛰어넘을 수 있다고 생각했다.

초등학교 때부터 반지하에 살고 있었는데 그게 창피하지는 않았고, 막 애들 데리고 가서도 "우리 집 반지하야." 하면서 아무렇지 않긴 했는데, 어느 정도 집안 수준을 눈치는 채고 있었어요. 더 그래서 똑똑하려고는 했었던 것 같아요. 다른 애들이 아파트 살아도 부러워하지도 않았었고, 명품 이런 것도 사 달라 한 적, 나이키 이런 것도 저는 바라지도 않았었고. 옷을 사 달라 한 적도 없었고. '우리 집 돈 없으니까. 우리 가난하지.' 이랬던 것 같아요.

일에 대한 열정, 해낼 때까지 밀어붙이는 강인함의 이면에는 명확히 정의 내릴 수 없는 오랜 우울감이 존재했다. 재연은 상담 중에도, 인터뷰 중에도 '바탕에 깔린 우울감'이라는 표현을 자주 썼는데, 그가 지닌 강인함은 우울함을 회피하거나 굳이 그 감정에 빠지지 않기 위해 애쓴 흔적일지도 모른다는 생각이 들었다.

행동과 말이 무서운 걸 알다 보니까 어릴 때부터 그랬던 것 같아요. 이건 부모님한테 배운 것 같아요. 어렸을 때부터 엄마한테 많이 혼났던 스타일이다 보니까 뭔가 조금만 잘못해도 바로 혼나고 그러다 보니까 '내가 이 행동을 했을 때 혼나겠지.'부터 시작해서 '안 하려면(혼나지 않으려면) 어떻게 행동해야 되지?' 이런 게 쌓이다 보니까.

학교생활에서도 문제없이 친구들과 선생님들에게 긍정적이고 밝은 이미지였지만, 재연의 마음 한구석에는 늘 결핍과 불안이 존재했다. 여유롭지 않은 경제적 형편보다도 칭찬과 애정이 부재한 집 안 분위기가 어린 재연을 긴장하게 했다.

그래서였을까? 본격적으로 춤을 시작하기 이전의 재연

은 공부를 곧잘 하는 모범생이었다고 한다. 공부를 좋아해서가 아니었다. 엄마가 집을 떠나지 않도록, 자신을 두고 가지 않도록 붙잡기 위해 시험 기간엔 밤샘 공부도 마다하지 않았다. 왜 엄마가 떠날 것 같았냐는 질문에 재연은 담담하게 자신이 견뎠던 집 안 풍경을 이야기해 주었다. 부모님의 잦은 싸움, 물건들이 이리저리 내동댕이쳐지는 소리, 친척들에게 너무 힘들다고 말하는 엄마의 모습까지, 재연은 마치 어제 일처럼 생생하다고 했다.

사람들 중에는 기질적으로 섬세하고 상대적으로 불안을 잘 느끼는 이들이 있는데, 나는 재연이 그런 경우이지 않을까 싶었다. (실제로 그는 TCI 기질 및 성격 검사에서 위험 회피/불안이 굉장히 높게 나타났다.) 정서적 안정이 무엇보다 중요했을 텐데, 딱딱하고 불안한 집 안 분위기는 재연의 기질을 극적으로(다소 부정적으로) 발달시키지 않았을까. 엄마가 떠나는 것을 막으려면 항상 레이더를 바짝 세워야 했을 테니까.

뭔가 부족했었어요. 마음속에서. 그리고 한편으로는 그게 어렸을 때부터 있던 애정 결핍이지 않을까 싶기도 해서. 제가 아기 때부터 약간 애정 결핍이 있었던 것 같거든요. (…) 아기 때도 일단 엄마 아닌 다른 사람한테 절대 안 갈 정도로 그게 심했었대요. 이사 간다고 엄마가 조금 더 오래 맡겨 놓고 갔을 때도 엄청 울었었나 봐요. 엄마가 안 올까 봐 너무 무서워서. 그리고 초등학교 때는 엄마가 잠시 새벽에 동대문 시장에서 일하실 때, 그때도 엄마 나가고 이제 아빠가 엄마 침대에서 자라 했을 때. 그때도 새벽 내내 울었었어요.

춤을 추고 싶어서

댄스부 자체가 무대에 서서 모습을 보여 줘야 하다 보니까. 막 크롭 티 같은 거 입고 반바지 입고 이러다 보니까 아무래도 뚱뚱한 애가 부각되면 안 돼서 그때부터 더 악착같이 뺐던 것 같아요. 뚱뚱한 애들이 있어도 두세 명밖에, 저까지 포함하면 두세 명밖에 없다 보니까. (뚱뚱했어요? 아니었을 것 같은데.) 지금 상태에서 조금 더 쪘던 것 같아요. 압박이 어쨌든 있었어요. "너희 살 안 빼니?" 이렇게 선배들이 막말하고 "너희 지금 밥이 넘어가?" 이렇게 말하니까. (…) 댄스부에 들어가서 보니까 다 진짜 말랐다는 걸 인지하다 보니까 '빼야 되는 거구나.' 했었어요.

재연은 고등학교에 진학해 댄스 동아리에 들어가기 전까지는 다이어트를 해야 한다는 생각을 하거나 살 때문에 음식을 가린 적이 없었다. 조금 통통하긴 했지만, 스트레스를 받을 정도는 아니었다. 춤을 출 때도 몸 때문에 즐겁지 않다거나 추면 안 된다고 생각한 적이 없었다. 하지만 댄스 동아리에서는 실력보다 몸이 먼저였다. 거울에 비친 자신의 몸과 친구들의 몸은 적나라한 비교 대상이었다. 재연은 무대에 서기 위해서, 이전처럼 사람들의 관심과 칭찬을 받기 위해서 살을 빼야겠다고 다짐했다.

다이어트는 식단이 8할이라고 했던가. 재연은 '무조건 참기'부터 시작했다. 먹고 싶은 걸 무조건 참았다. 입으로 들어가는 건 다 살로 간다고 생각했다. "그냥 칼로리만 봤어요." 점심 급식도 먹지 않았다. 배가 고프면 삶은 달걀과 견과류를 먹었고, 너무 심하게 허기지면 삼각김밥으로 끼니를 해결했다.

(목표 체중 이런 건 없었어요?) 그냥, 그냥 '빼야지.'밖에 없어서. 저는 그냥 '내가 (옷을) 입었을 때 어쨌든 말라 보이면 된다.' 그래서 계속했던 것 같아요. 욕심이 나니까 '나 예뻐졌구나. 나 예뻐졌네.' 그러면서 계속 빼고.

살이 빠지기 시작하니 자꾸 욕심이 났다. '조금 더 뺄 수 있을 것 같은데? 조금 더 할 수 있을 것 같은데?' 사람들이 예뻐졌다고 하니 더 해내고 싶은 마음이 올라왔다. 구체적인 목표는 없었지만 체중계의 숫자가 줄어들고, 거울에 비치는 몸이 달라지고, 사람들에게서 칭찬을 들으면 잘하고 있다는 생각이 들었다. 칭찬조차 더 빼라는 이야기처럼 들렸다. 더 할 수 있지 않느냐는, 일종의 채찍질.

아주 조금의 음식도 몸에 남지 않기를 바랐다. 절로 운동 강박이 생겼다. 먹은 직후에 체중계 위에 올라가 몸무게를 확인하고, 몇 그램이라도 불어나면 바로 운동을 해 칼로리를 소모하려고 했다. '뭔가 이상한데?'라는 자각이 있었지만 멈출 수 없었다. 그렇게 30kg도 되지 않는 몸이 되었을 때, 재연은 댄스 동아리를 포기했다. 그토록 좋아하던 춤을 출 수 없게 되었음에도 살이 찌면 안 된다는 강박에 몸과 마음이 잡아먹혔다.

내가 병이 되고 병이 내가 되면

진짜 뼈예요. 뼈. 사진도 남아 있어요. 진짜 뼈가 다 보이고 그냥 난민 그거였어요. 얼굴 뼈도 다 눈에 보일 정도로. 겨울엔 추워서 뭐 하지도 못하고. 너무 추워서. 뼈밖에 없으니까. 그 정도로, 지금 생각하면 진짜 불쌍해 보일 정도로 (말랐어요). 근데 그땐 그게 좋았던 거죠.

재연은 거식증일 때의 몸이 "말도 안 되는 상태"라고 말하면서도 그때의 몸이 그리울 때도 있다고 했다. 뼈밖에 없는 모습이 결코 건강하지도 예쁘지도 않다는 걸 알고 있지만, 그냥 뺄 수 있는 만큼 빼 두는 게 편하지 않을까 싶은 마음. 몸이 몸으로 존재하지 않고 평가와 판단의 대상이 되는 순간, 우리는 스스로에게 그 누구보다 무서운 사람이 된다.

재연은 언제부턴가 '나는 살찌면 안 되는 인간이야.'라는 생각이 머릿속에 박혀서 눈 뜨는 순간부터 잠들 때까지 다이어트, 살 그리고 몸만 생각하기 시작했다. 춤을 포기하면서까지 재연이 지키고 싶었던 건 무엇이었을까? 마치 마약에 중독된 사람처럼 '말라야 한다.'는 생각만 했다. "그땐 춤도 중요하지 않았던 것 같아요."

섭식장애의 가장 무서운 점은 놀랄 만큼 짧은 시간에 삶을 장악한다는 것이다. 마치 삶에 처음부터 존재했던 것처럼 당연하게 자리를 잡고 덩치를 키운다. 나와 병을 구별할 수 없을 정도로 커지면, 나를 위한 것이 무엇인지 알 수 없게 되고 나를 잃게 된다.

학교 끝나고 오면 바로 운동하고. 학교생활 내내 그냥 굶고 있다가 집 가면 운동하고. (친구 관계는?) 밖에서 보면 안 좋은 건 아니었고 친구들이 와서 나름 챙겨 주기는 했

없는데 아픈 거 아니까. 친구들 입장에서도 좀 거식증인 거 보이잖아요. 그래서 챙겨 주고 대화는 했었는데 친구들하고 놀고 막 끝나고 어디 가고 이런 건 하나도 못 했죠. 저는 그냥 그 상황을 다 피하고, 가서 어쨌든 운동해야 되고, 난 살 빼야 되고, 이게 더 심각했어서.

포기한 게 춤뿐이었을까? 항상 들어 왔던 '밝고 자신감 넘치는 아이'라는 칭찬도, 춤추는 재연을 멋지다고 말해 주던 친구들도 더는 중요하지 않았다. '말랐다'는 칭찬이 아니면 아무것도 진짜가 아닌 것 같았다. '마름'이 인생에서 가장 중요한 정체성이 되었고, 그걸 잃을까 봐 노심초사했다. 재연은 엄마가 말리지 않았다면, 병원에 데려가지 않았다면, 스스로 멈출 일은 없었을 거라고 확신했다. 버티려면 얼마든지 버틸 수 있었으니까. 여덟 시간이고 아홉 시간이고 운동하며 열량을 소모하고 삼각김밥 하나로 하루를 보내는 일쯤이야, 살찌는 것에 비하면 전혀 힘들지 않았다.

다행히 재연의 상태가 심상치 않다는 것을 알아차린 엄마가 재연이 고등학교 2학년이 되자마자 병원에 데리고 갔다. 친절하고 믿음직한 의사 선생님 앞에서 병을 인정하는 건 어렵지 않았다. 재연은 놓아 버린 춤과 꿈을 잡기 위해 다시 제대로 먹기 시작했다. (이 이야기는 조금 뒤에 자세히 할 것이다.) 그렇게 안녕일 줄 알았던 섭식장애는 도돌이표처럼, 뫼비우스의 띠처럼 돌고 돌아 다시 재연에게 왔다. 몇 번이고. 지치지도 않고.

'살 뺄 수 있어, 나 그러면 내일부터 해야지!' 해 놓고는 막상 눈 뜨면 '먹고 싶어, 나 먹을 거야.' 이렇게 돼 버리고 스트레스를 계속 먹는 걸로 풀게 됐어요. 제어가 안 돼. 통제가 진짜 안 돼요. 이게 '할 수 있어, 나 할 수 있어, 너 악바리잖아.' 하는데도 음식만 보면 사람이 미쳐 버리는 거.

절식과 거식을 오래 유지하다 치료를 위해 음식을 먹기 시작하면 고삐가 풀린 것처럼 음식에 몰두하게 됐다. 재연은 자신의 삶에 "중간이 없다."고 표현했는데 극단적인 거식 기간이 끝나면 어김없이 어마어마한 폭식 기간이 찾아왔다. 그러면 다시 죄책감과 함께 절식을 하게 됐고, 그다음엔 거식이 반복되었다. 증상과 증상의 사이마다 '잘 먹고 잘 소화해 보자.' 마음을 다졌지만, '잘' 먹는다는 게 무엇인지조차 알 수 없을 만큼 일상적인 식사와 멀어진 자신을 마주해야 했다. 그건 너무나 괴로운 일이었다.

다시 춤을 추고 싶어서, 계속 춤추기 위해서 치료를 결심했던 고등학교 2, 3학년을 지나 재연은 스무 살이 되었다. 그는 댄스팀에 합류했다. 고등학생 때 춤을 제대로 배울 수 없었던 아쉬움이 컸던 만큼 댄스팀 활동을 무척 기대했던 재연은 누구보다 열심히 하고 싶었다. (실제로 엄청 열심히 했다.) 그러나 상황은 고등학교 댄스 동아리 때와 비슷했다. 재연의 주 장르인 걸스 힙합이 아닌 다른 장르의 춤을 춰야 했고, 축제를 비롯해 여러 곳에서 공연을 해도 돈 한 푼 받을 수 없었다. 오히려 새로운 춤을 배우고 댄스팀으로서 경력을 쌓을 수 있다는 점 때문에 돈을 내야 했다. 그래도 처음엔 좋았다. 춤을 출 수 있었으니까. 하지만 여기서도 춤보다 몸이 먼저였다.

댄스팀 원장님이 자꾸 저 뚱뚱하다는 걸 인식시켜줬었는데. 오히려 그 인식으로 스트레스를 받아서 집 가면 먹고, 그 원장님 앞에서 못 먹고. 또 뚱뚱하다 할까 봐 못 먹고 있다가, 집 가면 막 미친 듯이 먹고. 그래서 그때는 아예 폭식증을 앓다가…….

왜 춤 실력이 아닌 몸으로 평가받아야 하는 걸까? 사랑하는 일을 계속하고 싶고 잘하고 싶을 뿐인데 아무도 자신을 제대로 봐 주지 않는 것 같았다. 원장님의 구박에 더해 팀 내 분위기마저 날이 서 있었다. 거기에 신체적으로도 한계가 왔다. 댄스팀 활동으로는 생활비를 벌 수 없었기에 아르바이트를 병행했는데, 하루 수면 시간이 한두 시간밖에 되지 않았다.

각박한 날들 속에서 재연이 기댈 수 있었던 것은 음식뿐이었다. 스트레스로 폭식을 거듭하자 몸은 빠르게 망가졌다. 결국 재연은 댄스팀에서 나와 다시 춤과 멀어질 수밖에 없었다. 거울에 비친 제 모습을 스스로도 받아들이기 힘들었다. 재연은 또다시 다이어트를 결심했다. 폭식으로 찐 살이니 폭식을 끊고 운동을 빡세게 하면 되지 않을까? 샐러드와 닭가슴살과 고구마를 제외한 음식, 살찔 것 같은 음식은 입에 대지도 않았다. 식사 약속이 있거나 식욕을 참지 못해 먹었을 땐 온종일 운동에 매달렸다.

댄스팀에서도 나오고 알바만 하다 보니까 운동할 시간이 더 많아지잖아요. 그러니까 그냥 한 끼 먹고 운동 여덟 시간, 아홉 시간 하니까 또 그때 다시 (거식이) 시작된 거죠.

몸과 마음에 쌓인 흔적

그러던 어느 날 불쑥 공허함이 찾아왔다. 모든 게 지긋지긋해졌다. 식단도 운동도 혼자 해서 잘 안되는 게 아닌가 싶어 PT를 받아 보고자 헬스장을 찾았다.

'벗어나고 싶다.' 해서 찾은 게 헬스장이었는데, "저 PT 받고 싶어요." 해서 갔는데 사장님이 "너 필레 자격증이랑 댄스했네. 그럼 너 헬스 여기서 배워서 한번 트레이너 해 볼래?" 이래 가지고 바로 넘어갔죠. (…) 진짜 그냥 바로 던져졌어요. 또 거기서 악바리가 나와 가지고 '내가 하고 만다!' 이러고 버틴 거예요.

운동을 하며 돈까지 벌 수 있다니, 최고의 제안이라고 생각했다. 섭식장애를 생각하면 고사했어야 하는 제안이지만, 인정과 성취가 필요했던 재연에게는 거절할 이유가 없었다. 문제는 제대로 된 트레이닝 없이 투입됐다는 점이었다. '헬스 트레이너'라고 하면 기본적으로 기대되는 모습이 있게 마련이고, 그건 '몸'으로 보여 주는 수밖에 없으니 재연은 치료는커녕 바디 프로필을 찍기 위해 더 빡빡하게 다이어트를 할 수밖에 없었다.

그냥 난 '해야 해.' 이러고 눈에 불 켜고 달려드는 스타일이라서. 면접 보러 오라고 하면 "네!" 이러고 바로 가 버려야 되고. 일단은 실질적인 걸 해소를 먼저 해야 돼요, 저는. 돈 벌어야 되고 취업을 해야 되는 것부터 해결을 해야 되니까 거기에 눈에 불붙어서.

누군가에게는 재연이 굉장히 열심히 사는 사람처럼 보일 것이다. 맞다. 그는 어릴 때부터 주어진 일에 최선을 다했고 자신이 좋아하는 일, 잘할 수 있는 일에 열정을 쏟아부었다. 하지만 삶에는 '일'과 '성과'만 존재하지 않는다. 쉼도 필요하고 즐거움도 필요하다. 친구도 필요하고 취미도 필요하다. 그런 소소한 일상들이 열심히 사는 나를 응원하고 뒷받침해 준다는 사실을 너무 많은 이들이 잊고 있지 않나? 해야 하는 일들에 쫓겨 감각이 마비되고 (혹은 귀찮다고 마비시키고) 감정은 뒤로 미뤄진다. 뒤로 밀려난 감정은 결코 사라지지 않는다. 몸과 마음에 고스란히 쌓인다. 그러다 어느 순간 존재감을 드러낸다. 재연에게 섭식장애가 그랬던 것처럼.

저는 춤으로 열심히 산 게 아니고 섭식장애로 열심히 산 것 같아서. 섭식장애로 인해서 운동을 일곱 시간, 여덟 시간 해야 됐었고 시간 낭비를 한 것 같으니까. 지금은 그걸로 (공허함이) 많이 오는 것 같아요. '너 뭐 한 거야?' 이러면서. '나 미쳤다. 그 시간에 춤이나 출걸, 뭐 했지.' 이러면서. 너무 돌아온 느낌이에요.

몸과 마음을 갈아 넣어 일했는데 왜 남은 건 하나도 없는 것 같을까, 진정으로 원하는 것과는 자꾸 멀어지기만 하고. 무엇이 중요한지 모르지 않는데 항상 살과 몸에 걸려 넘어졌다. 바라보는 시선, 평가하는 말들에 너무 많은 것을 놓치고 산 것 같다. 마르면 모든 게 괜찮아질 줄 알았다. 뭐라도 될 줄 알았다. 더 좋은 일들이 많이 생길 줄 알았다. 그러나 현실은 아니었다. 오히려 정반대였다.

약보다 의지가 더 중요해

(거식증이라는 병을 알고 있었어요?) 거식증 그런 거에 관심은 없었어요. 그냥 다이어트였지, 저한테는. 다이어트 했으니까 마른 몸이고 다이어트를 안 하면 뚱뚱하게 되는 거고. 거식증, 식이장애가 아니고.

월경이 끊겼다. 어디까지 더 마를 수 있을지, 말라야 할지 제대로 생각할 수 없을 정도로 몸이 지쳤다. 그러나 재연은 자신에게 문제가 있다고 생각하지 않았다. 뭔가 이상하다는 걸 눈치챈 건 같이 사는 가족들이었다. 엄마가 그를 데리고 병원에 처음 갔던 고2 때, 재연은 별생각이 없었다. 나는 아프지 않은데 가족들이 왜 이러나 싶었지만, 엄마의 걱정이 싫지만은 않아서 군말 없이 따라갔다.

의사는 재연에게 우울증과 거식증 진단을 내렸다. 검사 결과와 함께 약을 먹고 치료를 받아야 한다는 단호한 설명에 놀라긴 했지만, 무섭기보다도 도리어 편했다. 내가 원래 이상한 사람인 것보다 아파서 나을 수 있는 사람인 게 훨씬 나으니까.

(치료에 대한 거부감은 없었어요?) 오히려 통제가 안 되는 게 더 답답했죠. 약을 먹어도 뭔가 살은 계속 빼고 싶기도 했었고 아니면 아예 폭식을 해 버렸고 둘 중에 하나였으니까. 계속 '왜 이렇게 약을 먹어도 뭔가 안 되지.'라는 답답함이 더 컸던 것 같아요.

치료가 필요하다는 건 알겠는데 치료가 어떻게 진행되는지, 잘 되고 있는지 알 도리가 없어서 점점 더 답답하고 두려워졌다. 의사 선생님께 자잘한 불안이나 걱정을 이야기할 수 있는 건 좋았지만, 그 또한 잠시였다. 병원에 상담 센터가 없는 경우엔 의사 선생님과 이야기 나눌 수 있는 시간이 길어 봤자 5분에서 10분 사이였고 나누는 이야기 또한 (초진을 제외하면) 약에 관한 것이 전부였기에 '이걸 계속한다고 무슨 의미가 있지?'라는 회의감만 더해졌다.

다른 참여자들도 이야기했지만, 섭식장애는 전문 치료제가 없어 동반 질환을 바탕으로 약을 처방받는 경우가 많다. 재연은 의사 소견상 '우울증으로 인한 거식증'이었기 때문에 주로 항우울제, 항불안제를 처방받아 복용했다.

약을 조금이라도 끊으면 다시 돌아가는 게 반복되니까 계속 답답했던 것 같아요. (우울증은?) 우울증도 약으로 인해서 기분이 오락가락하는 게 오히려 더 심해졌던 것 같아서 제가 그냥 스스로 끊었던 것 같아요. 너무 이게(기분이 오락가락하는 게) 심해지면서 기분에 따라서 먹는 것도 확연하게 달라져 버리니까. 그래서 '나는 약에 의존하면 안 되겠다. 이러다 약 때문에 오히려 더 망가질 것 같다.' 하면서 갑자기 어느 순간 (약을) 끊어 버리고. 꾸준히 4개월, 5개월 먹다가 그렇게 끊은 것 같아요. 효과가 원래 6개월 이상 먹어야지 조금 안정된다고 하는데 그걸 못 버티고 딱 그 지점에서 저는 스스로 끊었어요.

정신건강의학과에서 처방하는 약은 의사와 상의 없이 복용을 중단하면 위험하다. 위험한 걸 알면서도 재연은 약을 끊었다. 약이 아니라 자신의 '의지'가 가장 중요한 게 아닐까 싶었기 때문이다. 유튜브나 인스타 같은 SNS를 통해 정보를 얻을 수도 있고 비슷한 사례를 접할 수도 있으니 혼자 극복할 수 있을 것 같았다.

회복을 향해 딛는 작은 한 걸음

(가족들은) 그때는 그냥 제가 먹는 거에만 다들 이렇게 같이 집중을 해 줘서 먹고 싶다고 하면 다 사 주고, 안 먹는다 그러면. (안 먹는다고 하면?) 이제 그때 조금 다시 걱정했죠. "또 왜 안 먹냐." 이러면서. "뭐 먹고 싶은 거 없냐." 이런 식으로. 그냥 되게 오랜만에 느껴 본 그런 거라서 그것도 기분이 되게 좋았던 것 같아요. 아프면 어쨌든 관심은 주는 거구나, 하면서.

실제로 재연을 잠시나마 거식증과 멀어지게 도운 존재는 가족들(특히 엄마!)이었다. 자녀의 거식이나 폭식 증상을 알게 된 부모님들은 감시하거나 지나치게 혼내는 등 부정적인 반응을 보일 때가 많다. 이 때문에 섭식장애 환자 중에는

부모님에게 들키지 않기 위해 스스로를 더 고립시키는 경우
도 흔하다. 하지만 재연의 부모님은 그러지 않았다. 다소 감
시하는 분위기라도 있지 않았을까 싶은데, 재연의 가족이
워낙 서로에게 터치하지 않고 지내다 보니 어느 정도의 감
시 또는 간섭은 애정으로 느껴졌던 것 같다. 그러나 증상이
되풀이되고 나아질 듯 나아지지 않는 상황이 계속되자 재연
은 가족들에게 병에 관해 더는 이야기하고 싶지 않았다. 실
망만 시키는 것 같았다.

상담 센터에 한번 갔었어요. 그때는 트레이너 취업하고
얼마 안 됐을 거예요. 근데 그때도 거식증이었으니까 뭘
못 먹고 양배추 겨우 그런 거 먹을 땐데. 너무 답답해서 갔
는데. (뭐가 답답했어요?) 그냥 그런 생활이 답답했어요.
트레이너면 몸이 좋아야 되는 것도 맞는데 나는 마르고
싶고 마르려고 계속 안 먹다 보니까 퇴근하고 집 와서 다
시 출근할 때까지는 기운 없어서 막 누워 있고, 할 수 있는
게 없고. 또 출근하면 스트레스받고 이런 생활이 너무 그
냥, 현실이 너무 각박해서 갔던 것 같아요. 그런 걸 좀 풀
어내고 싶어서.

용기 내 상담 센터를 방문했지만, 첫 상담이 마지막이

됐다. 인터뷰 당시 나와는 1년 이상 상담을 하고 있었기에 왜 첫 상담은 길게 이어지지 않았는지 궁금해 이유를 물었다. 재연은 "그냥 공감만 해 주시다가, 그냥 친구랑 카페에서 하는 대화였어요."라고 답했다.

섭식장애는 곧잘 돌아왔다. 트레이너 생활 중 스트레스가 너무 심하니 몸이 다시 음식을 거부하기 시작했다. 너무 지쳐서일까? 병이 그냥 알아서 사라지기를 바랐다. 한편으로는 차라리 쓰러져 버렸으면 싶기도 했다. 왜 항상 마음이 버티고 버티다 폭발하고 나서야 힘들다는 걸 인정할까. 힘들어도 쉬지 않고 죽어라 달리는 이유는 뭘까. 그런데 왜 섭식장애는 열심히 해도 사라지지 않지? 정말 치료가 가능하긴 한가? 병이 사라지지 않는 한 모든 게 반복되는 것이 아닐지 두려웠다. 그냥 다 포기하고 병은 병대로 두고 일이나 열심히 하는 게 낫지 않을까 싶었다.

그러던 중 우연히 내 유튜브를 알게 됐다. 일대일 상담 안내 영상을 보았고, '그래도 섭식장애를 경험한 사람이라면 마음을 더 잘 알아주지 않을까, 뭔가 해결책을 알려 주지 않을까.' 싶어 상담을 신청했다. 정말 마지막이라는 마음으로.

(상담하면서 어땠어요?) 근데 중간에 거식증이 다시 시작

된 적이 없던 상담은 처음이고, 제가 또 꾸준하게 한 것도 처음이다 보니까. (…) 되게 놀랄 정도로 진솔 님이 잘 캐치를 해 주시고 그냥, 그냥 뭔가 안 말하려고 했던 것도 진솔 님은 다 알아내시는 것 같아요. 말을 안 하고 그냥 넘어갔던 것도 (캐치해서) 제 감정을 말해 주시더라고요. 그래서 되게 너무 놀라웠었어요. 나한테 이게 진짜 도움이 되는구나.

재연과 나는 매주 화상 회의 플랫폼인 줌(ZOOM)으로 만났다. 우리의 가장 큰 목표는 섭식장애에 대해 최선을 다해 솔직하게 이야기하는 것이었다. 물론 섭식장애 상담이라고 해서 특별한 방법이 있는 것도, 섭식장애를 경험했다고 해서 전부 다 이해할 수 있는 것도 아니다. 오히려 내담자를 더 조심스럽고 꼼꼼하게 살펴야 한다.

재연은 자신이 느끼는 감정을 중요하지 않은 것처럼 이야기하고 넘기려는 모습을 자주 보였는데, 그런 부분들을 짚고 구체적으로 표현하기 위해 애썼다. 다이어트 식단을 내려놓고 가능한 한 일반식을 하며 올라오는 불안감과 두려움을 '자연스러운 것'으로 여기되, 가볍게 여기지 않는 연습을 했다. 재연이 스스로 도전하고 싶은 음식을 찾고 실제로 먹으며 피드백을 주고받기도 했다. 다행히도 상담을 시작한

지 얼마 지나지 않아 재연은 월경을 다시 시작했다.

완치라는 단어에 갇히고 싶지 않아

이번 인터뷰를 마지막으로 재연은 상담을 종결하기로 했다. 섭식장애에서 완전히 자유롭지는 않지만, 섭식장애가 마음이 보내는 신호라는 것을 인정할 수 있게 되었기 때문이다. 누군가는 완치된 것이 아닌데 왜 상담을 끝내냐고 물을지도 모르겠다. 재연이 생각하는 완치는 어떤 것일까?

완치는 없을 것 같아요. 그냥 계속 오락가락하는 게 완치라고 보기는 좀 어려울 것 같은데 어쨌든 뭔가 남아 있지 않을까. 그리고 완치라고 내가 말을 해도 내 몸은 기억하고 있지 않을까 싶기도 하고. 몸은 워낙 잘 기억하잖아요. 오래됐으니까. 그래서 언젠가는, 한 번씩은 또 나올 수도 있는 거고 해서, 완치는 없겠지만 그래도 예전과는 다르게 할 수 있지 않을까. (완치가 없다는 게 좀 싫거나 절망적일 수도 있잖아요. 완전히 깨끗하게 사라지지 않는 거니까. 그런 건 어때요?) 근데 또 완치라고 해서 무조건 그게 좋은 거라기보다는 그냥 어쨌든 완치는 못 해도 내가 거기서 발견한 게 있어서 나아지면 되는 거니까. '완치를 하자.'라고 하면 더 강박이 될 것 같아서, 더 빠르게 나아야 할 것 같고.

섭식장애를 오래 겪은 사람들 대부분은 완치하고 싶어 하면서도 '완치'라는 단어에 갇히고 싶지 않다고 말한다. 재연 역시 마찬가지였다. 그는 오래 함께한 만큼 언제든 증상이 돌아올 수 있다는 사실을 알았다. 특히 마음이 힘들 때 신호처럼 나타날 수 있기에, 마냥 미워하거나 없애려고 하기보다 어느 정도는 '인정'해 주고 싶다고 했다. 자신에게 섭식장애는 병을 넘어 하나의 습관처럼 자리 잡았기 때문에 증상을 거부하면 거부할수록 더 부정적인 길로 빠질 것을 안다며, 할 수 있는 일들을 하나씩 해 나가는 것에 집중하고 싶다고 했다.

생리까지 잃어 가면서 굳이 다이어트를 해야 하나? 진짜 나한테 관점을 일단 무조건 꽂아야 되는 거, 남한테 시선 돌리는 순간부터 다시 (섭식장애가) 시작인 것 같아. 확실하게 오로지 나. 그냥 나, 내 몸이 뭘 원하는지부터 해서 나한테 오로지 다 집중을 해야 할 것 같아요.

나한테 집중한다는 것은 곧 초점을 나에게 돌리는 것. 재연은 사회적인 문제도 함께 언급했다. 어린 학생들에게 춤을 가르치는 선생님으로서, 외형에 따라 사람의 '좋고 나쁘고'를 판단하는 사회가 매우 위험해 보인다는 말이었다. 자신이 가르치는 학생 중에는 초등학생도 있는데 그 아이들이 신체검사 때문에 굶는다는 이야기를 자랑스럽게 한다며, 도대체 사회가 왜 이렇게 됐는지 모르겠다고 막막함을 토로했다. 그에게 있어 섭식장애 경험은 교육자로서 아이들에게 지나친 다이어트의 위험성을 알려 줄 수 있는 계기가 되기도 한 것이다. 그저 예뻐 보이고 싶어서, 칭찬받고 싶어서 시작한 일이 몸과 마음을 무너뜨릴 수 있다는 걸 직접 경험했기에 아이들을 더 신중하게 대하는 선생님이 되어야겠다고 다짐한다.

그런 게 좀 있는 것 같아요. 물론 (겉으로) 보여지는 것도 잘해야 되는 거겠지만, 어쨌든 목표는 교육자였고 제대로 가르쳐야 뭔가 제가 잘나가든 수업이 들어오든 할 테니까. 그런 게 더 확고해지면서부터 진짜 달라진 것 같긴 해요. 마인드가 바뀌니까. 예전에는 그냥 다 보여지는 것만 잘하면 될 줄 알았는데 어쨌든 저는 지금도 가르치고 있고 애들을 계속 만나고 있으니까 사실 그게(가르치는 능력, 춤 실력) 더 중요하긴 하더라고요.

재연은 자신의 경험과 직업을 접목시켜 섭식장애로 힘들어하는 사람들을 위한 일을 하고 싶다고 했다. 섭식장애는 마음의 병이지만 '몸'과 떼려야 뗄 수 없는 병이니까, 몸을 적극적으로 사용하는 춤을 통해 사람들이 자신의 몸을 긍정적으로 느끼고 또 가까워질 수 있도록 돕는 프로그램을 만들어 운영하고 싶다고.

일단 저한테 중요한 건 이제 춤이라는 걸 알아 가지고. 그리고 건강하게 몸을 만들고 싶다는 게 생겼으니까. 그래서 이번에 새로운 시도를 해서 이것도 결과를 제가 스스로 만들어서 식이장애인 분들한테도 도움을 드려 보고 싶어요. 진짜 제대로 된 트레이너분 한번 만나서 몸무게가 중요하지 않다고도 제대로 느껴 보고 싶어요. '운동할 때 굳이 몸무게는 따지지 않아도 된다.' 저는 제가 몸으로 느껴 보고 알려 드리고 싶어요.

재연이 이 인터뷰에 본명으로 참여한 이유 역시 섭식장애와 관련이 있었다. 섭식장애가 완전히 사라지지는 않았지만, 그로 인해 생명이 위험하고 삶을 포기하고 싶을 정도로 어려운 시기는 지나갔다. 재연에게는 (내가 그러했듯이) 섭식장애 경험을 하나의 이력처럼, 숨기지 않고 잘 활용하며 소화하고 싶은 마음이 있다.

또한 섭식장애 증상이 찾아오면 '내가 나를 혼내고 싶구나, 무언가 마음에 들지 않는구나.'라고 이해하고 지금 나에게 필요한 것이 음식이 아닌 다른 것일 수 있다는 가능성을 염두에 두는 연습을 앞으로도 계속해 나가고 싶다. 어쨌든 그래도 긴 세월 함께했으니까, 떨어져 있을 때는 떨어져 있다가 이따금 찾아오면 이렇게 자신을 돌아보게 해 주는 존재.

현재 재연에게 섭식장애는 '멀어지기 위해 노력하고 있는 존재'다. 완전히 헤어지지는 못했어도 스스로 멀어지고자 하는 마음을 갖고 있고 노력하고 있다는 것을 알고 있기에 '결과'만 놓고 몰아세우고 싶지 않다.

딱 봐도 어떤 심리일지도 알고 어떤 마음일지도 아는데 공감적인 말보다는 그냥 진짜 자기와의 싸움이니까 자꾸 사회에 그렇게 눈 돌려서 맞추려 하지 말고 제발 본인한테 좀 눈 돌려서 본인 마음이 말하는 거랑 본인 몸이 말하는 걸 좀 들어봐 줬으면 좋겠어요. 한 번, 정말 딱 한 번이라도 눈 감고, 저도 눈 딱 감고 병원 가서 약 받고 그렇게 치료를 했잖아요. 정말 그 한 번 깨고 나니까 이렇게 또 쉽다는 걸 알았어서, 그 이후로 먹는 것도 쉬워져서 그렇게 먹고 살쪘었고 했으니까. 물론 다시 돌아가도 되고. 돌아갈 수 있는데, 돌아가면 돌아간 상태에서 또다시 해 보면 되는 거니까. 오히려 '안 해! 무조건 안 해!' 하기보다는 그냥 여러 번 해도 되니까 (치료)해 봤으면 좋겠어요.

이 책을 읽을 사람들에게 어떤 말을 해 주고 싶냐는 질문에 재연은 눈 딱 감고 나를 위해서 뭐라도 해 봤으면 좋겠다고 했다. 그 한 번이 두 번이 되고, 세 번이 되고, 후에는 몇 번이 되든 더 나은 삶을 위해서 노력하면 되는 거니까 일희일비하기보다 매 순간 애쓰는 스스로를 알아주길 바란다고.

나는 누구보다 자신에게 엄격하고 냉정한 재연을 알고 있다. 상담 중에 칭찬 일기를 써 보자는 말에 깊은 한숨을 내쉬던 재연을 기억한다. 자신에게 단 하루의 휴일도 허락하지 않고 여행도 쉬이 가지 않던 재연은 이제 자신을 위해 어린 시절 좋아하던 인형을 사고 적어도 하루 또는 반나절이라도 쉴 시간을 마련하려고 노력한다. 넘어지면 잠시 쉬었다가 다시 일어서면 된다. 인생은 끝나지 않았으니까.

나는 재연이 결국은 자신을 위한 길을 선택할 것을 믿는다. 조금 돌아가더라도 가끔은 무너지더라도 자신이 사랑하

는 일을, 꿈을 품은 사람은 충분히 다시 일어날 힘을 가졌으
니까. 재연의 빛나는 눈과 땀을 알기에 믿어 의심치 않는다.

다시, 또다시
시작점에 서면 된다고

 섭식장애는 회복이 아주 느린 병입니다. 입원 치료를 통해 증상이 호전된 환자 중 절반이 1년 안에 재발했다는 연구 결과가 있을 만큼 재발률이 굉장히 높은 병이기도 하고요. '4-3-2-1'이라는 법칙도 있는데요. 섭식장애 환자 중 40%는 완전히 회복해 정상적인 삶을 살고, 30%는 부분적으로 회복해 일상생활에 적응하며, 20%는 만성적인 환자로 남고, 마지막 10%는 사망한다는 법칙입니다. 이 법칙에 대해 처음 들었을 때, 과연 나는 어디에 속할까 고민하게 됐습니다. '40%에 속할 수 있을까?'라는 걱정과 함께 '이런 법칙이 생길 정도면 치료가 정말 쉽지 않다는 거구나.' 싶어 위안을 얻기도 했어요.

 재연 역시 인터뷰 중에 "완벽하게 사라지는 게 가능하다고 생각하지 않는다."라고 말했는데요. 여러분에게 이 말이 어떻게 들렸을지 궁금합니다. 낫기를 포기한 사람의 말처럼 들렸을까요? 섭식장애에 대해 잘 모른다면 그렇게 생각할 수 있지만, 당사자로서는 무척 현실적인 말이라고 생각했어요. '식사'는 우리 일상에서 너무나 당연한, 없으면 안 되는 부분이잖아요? 담배나 술처럼 끊을 수 있는 것이 아니죠. 끊을 수 없는 것인데, 먹는다는 행위 자체가 병과 연결되어 있다고 생각해 보세요. 어쩌면 병과 연결된 것이 아닌, 병 자체일 수도 있고요. 매 순간 이성적으로 판단하는 것도, 참고 견디는 것도 결코 쉬운 일이 아니라는 걸 알아주셨으면 해요. 그런 의미에서 섭식장애의 '완치'란 굉장히 모호한 단어입니다. 수술을 하거나 주사를 맞는다고 사라지는 병도 아니고 약을 먹는다고 해서 낫지도 않아요. "사는 게 참 내 맘대로 안 된다."라는 말 많이들 하잖아요. 섭식장애가 딱 그렇습니다. 낫고 싶은 마음이 아무리 강해도 한번 만난 뒤에는, 그리고 오래 만날수록 헤어지기가 쉽지 않아요.

제 섭식장애 경험을 털어놓은 뒤에 가장 많이 들은 단어가 '의지'인데요. 환자도 자신이 의지박약이라고 생각하고 가족이나 친구들도 "낫겠다는 의지가 없는 거 아니에요?"라며 답답한 마음을 토로합니다. 하지만 어떤 병은 최소한의 의지마저 저버리게 만듭니다. 그렇기 때문에 병이기도 하고요. 물론 우리에게는 의지가 필요합니다. '다시 회복의 시작점에 서는 의지'가요.

지난한 치료 과정에서 하차하지 않고, 혹시나 하차했다고 해도 다시 시작점에 서서 회복의 길을 걸을 의지.

재연이 이제는 몇 번이고 다시 시도할 거라고 말한 건 그가 섭식장애와 완치를 바라보는 관점을 타인이나 사회가 아닌 자신에게 맞추겠다는 뜻입니다. 재발할 수도 있고, 넘어질 수도 있고, 어떤 날은 다 포기하고 싶을 수도 있지만 한번 해 봤으니까, 아니, 몇 번이고 다시 회복의 길에 섰던 나를 알고 있고 믿고 있으니까 포기하지 않겠다는 말과 같다고 생각해요. 재연이 이 말을 했을 때 저는 울컥했어요. 처음 만났을 때 재연은 스스로에게 몹시 엄격한 사람이어서 재발을 모두 자신의 문제라고 여겼거든요. 이제는 재발이 섭식장애의 큰 특징이며 자신의 문제가 아니라는 걸 알고 꿋꿋이 나아가겠다고 말하는 재연이 너무나 멋져 보였습니다.

그러니 여러분, 주변에 섭식장애로 힘들어하는 사람이 있다면 의지박약이라거나 나약해서 낫지 못한다고 생각하지 마시고 지켜봐 주세요. 넘어져도 괜찮으니, 일어설 때 곁에 있겠다고 말해 주세요. 그게 가장 큰 지지이고 응원이니까요.

다섯 번째 이야기

윤슬

'나'를 표현할 수 있는 것이 있다면?

"커피요. 세심하고 예민하면서도 다양한 결과를
내고, 또 결과를 내려면 시간이 걸린다는
점에서요. 사람들이 커피를 마시면서 피곤함을
달래는 것처럼 제가 제 스스로에게도, 타인에게도
그런 존재가 되고 싶어요."

윤슬

나이	33세
유병 기간	약 10년
현재 섭식장애 여부	O

살면서 누군가를 괴롭힌 적이 있는가? 반대로 괴롭힘당한 경험은? 괴롭힘을 행한 주체들은 그것을 기억하고 있을까? 아마 기억하지 못하는 이들이 대부분일 거다. 어린 시절의 짓궂으면서도 귀여운 장난으로 미화해 기억하고 있을 수도 있겠다. 그러나 괴롭힘을 당한 이들은 평생 그 기억을 안고 살아간다. 잊을 때도 있지만 완전히 잊지는 못한다. 나도 그렇고 윤슬도 그렇다. 어른이 된 윤슬은 누가 봐도 왜소한 체격이지만 어릴 적 윤슬은 항상 남자아이들의 놀림 대상이었다.

교우 관계는 그냥 원만했고. 이렇게 놀리는 애들이 유독 좀 도드라지는. 근데 그때도 "야 하지 마." 뭐 이런 말 전혀 안 하고 그냥 허허 (웃으면서) 넘기고. (…) 대놓고 "뚱뚱하다." 이런 애들도 있었고. 아니면 체육 시간, 특히 달리기할 때 (놀림이) 좀 심했고. 막 비웃는다든지. 나랑 뭐를 팀플을 하라고 하면 자기들끼리 비웃으면서 "뚱뚱해서 같이 하기 싫어요." 이런다든지. 아니면 교실에, 책상에 앉아 있을 때 뒤에 앉아 있는 남자애가 "니 뚱뚱해서 나 잘 안 보인다." 이런 식으로 말한다거나…….

유치원 때부터 시작된 놀림이지만 윤슬은 부모님에게도 상황을 제대로 설명하지 않았다. 아니, 못 했다고 해야 할까? 부모님을 걱정시키고 싶지 않았다. 이야기한다고 한들 뭔가가 달라질 것 같지도 않았다. 집에 돌아와 혼자 우는 게 전부였다. '내가 뚱뚱해서 그렇겠지.'라고 생각하며 상처받은 순간들을 넘기고 버텼다. 그러다 고등학생이 되던 해, 윤슬은 막연하게나마 지금까지와는 다른 사람이 되어야겠다고 다짐했다. 마음속에서 스스로를 지키기 위한 시스템이 작동했던 게 아닐까. 이대로라면 고등학교 생활도 눈물로 보내야 할지 모른다고.

시키는 일 열심히 하고, 있는 듯 없는 듯 지내는 게 1순위였던 이전과 달리 반장 선거에 나갔다. 더는 놀림받고 싶지 않아 다이어트도 시작했다. 당시 윤슬이 할 수 있었던 다이어트는 그저 먹는 양을 줄이는 것이었는데, 먹는 양이 줄어 몸에 에너지가 없는 상태에서 반장으로서 모든 일을 철두철미하게 해내려고 애쓰다 보니 주변 사람들을 걱정시키기도 했다.

이것저것 혼자 다 하느라 에너지 다 쓰고. 거의 뭐 쓰러지기 직전까지 막 혼자 고군분투하다가 담임 선생님이 엄마한테 전화한 적도 있었고. 너무 힘들어 보인다고. (뭘 얼마나 열심히 했길래?) 뭔가 애들이 얘기하는 거 하나하나 다 들어주고. 청소나 선생님들이 얘기하는 거 그냥 좀 이렇게 나눠서 해도 되는 일들을 혼자 도맡아서 다 한다든지.

윤슬은 그런 아이였다. 나보다 남이 더 중요하고 남의 어려움을 모른 척할 수 없고 부탁을 거절하지 못하는 아이. 반대로 자신이 필요할 때는 폐를 끼치는 것일까 봐 도움을 청하지 못하는 아이. 묵묵히 혼자 해내는 게 가장 마음 편했다. 그래서 괜찮은 줄 알았다. 자신의 노력을 누군가 알아주지 않아도 괜찮다고, 다 내가 좋아서 하는 일이니까 알아주길 바라는 건 욕심이라고 생각했다. 그렇게 자신의 감정도 욕구도 뒤로 미뤄 둔 채 어른이 되었다.

무너지는 순간

남을 돕는 것이 가장 큰 보람이라 믿었기에 대학에 진학할 때도 관련 전공을 선택했다. 난생처음 부모님의 반대를 무릅쓰고 고집을 부렸다. 그리고 그만큼 잘 해내고 싶었다. 자신의 선택을 후회하고 싶지도, 허락해 주신 부모님을 실망시키고 싶지도 않았기에 죽어라 공부했다. 그러나 슬럼프는 윤슬이 쌓아 온 '열심'을 한순간에 무너뜨렸다.

한 3학년 때쯤이었나. 사춘기처럼 엄청 세게 한번 타격을 확 받은 적이 있어요. 그때 학교도 안 나가고, 너무 이제 참고 참아서 체력적으로도 힘들고 심리적으로도 힘들고 어떻게 해야 될지를 모르겠어서 완전 히키코모리처럼 낮에도 안 나가고. 그때 또 폭식이 심했던 시기도 있었고. 그 상태로 한 학기를 진짜 거의 그냥 흘려보냈죠. 결과가 좋아도 행복하지도 않고. '내가 뭐 때문에 이러고 있지.'

이유를 알 수 없었다. 언제까지 이렇게 아득바득 살아야 하는지도. 아무도 알아주지 않는 열심은 누구를, 무엇을 위한 것이었을까? 답 없는 질문들만 이어졌다. 그렇다고 멈출수도 없었다. 명확한 다음이나 계획이 있는 게 아니었기에 우선은 학교를 빨리 탈출해야겠다고 생각했다. 학교생활에

다섯 번째 이야기

적극적이었던 1, 2학년 때와 달리 3학년 때에는 숨어 다니기 바빴다. 수업이 끝나면 누구와도 인사하지 않고 재빨리 강의실을 벗어났다. 자취방에 돌아가면 밖으로 나가는 일은 거의 없었다. 억지로 하루를 보내고 이틀을 보내며 살았다.

벌떡 일어나 가지고, 그때 내가 자취방이 4층이었고 계단 내려가다가 밑을 이렇게 딱 보는데, 뭐라고 그래야 되지. 그냥 살기 싫고, 그렇다고 죽고 싶은 건 아닌데 차라리 '기억을 잃어버릴 정도로 내가 아프거나 다쳤으면 좋겠다.' 라는 생각을 해 왔었고 아마 그날 밤에도 충동적으로 그런 생각이 들어서 그렇게 나간 것 같거든요. 그래서 2층 난간에 이렇게 앉아 있다가 그냥 몸에 힘을 뺐어요.

윤슬과 6개월 정도 상담을 했는데 처음 듣는 이야기였다. 윤슬 역시 그 일을 새까맣게 잊고 있었다고 했다. 어떻게 그럴 수 있느냐고, 어떻게 이 일을 잊을 수 있느냐며 당황스러움을 감추지 못하는 나와 달리 윤슬은 무덤덤하게 "그렇네요, 그런 일이 있었네요."라고 대꾸했다.

당시 윤슬의 상태는 심각했다. 오른쪽 무릎부터 엉덩이까지 뼈가 완전히 으스러졌고 첫 수술만 일고여덟 시간이 걸렸다. 입원 기간 8개월에 재활 기간까지 합치면 약 1년 반을 쉬었다. 과연 그게 '쉼'이었을까? 오랜 입원과 재활이 힘들지 않았냐는 질문에 윤슬은 스스로도 어이가 없는지 웃으며 말했다. "몸이 심하게 힘들어. 근데 오히려 마음은 편했어요."

윤슬은 굉장히 명랑하게 병원 생활을 해서 같은 병실에 있던 이들도 윤슬의 밝은 모습을 칭찬했다고 한다. 우울의 절벽에서 뛰어내려 신체적 고통으로 우울을 잊어 보려 했던 걸까? 더 놀라운 건, 윤슬의 부모님은 여전히 윤슬이 스스로 난간에서 떨어졌다는 걸 모른다는 사실이었다.

그냥 실수로 넘어진 정도로 인식을 했지 않았나. 엄마 아빠가 자세하게 얘기는 안 했거든요. 수술 끝나고 마취 풀리면서 엄마 아빠가 눈에 보이는데 저도 모르게 또 "나 괜찮아, 엄마." 막 이러고 있더라고요. 엄마 아빠가 걱정하는 게 눈에 보이니까 더 말을 못 하고.

결국 스스로를 탓하기로 했다

불가피해서 행복했던 쉼이 끝나고 윤슬은 학교로 돌아갔다. 돌아가자마자 다시 현실을 맞닥뜨려야 했다. 동기들은 이미 졸업했고, 윤슬은 각자의 자리를 찾아가는 그들의 모습을 보며 허무함을 느꼈다. 아득바득 살지 않아도, 적당히 즐겁게 살아도 다들 자리를 잡고 잘 살아가는데 왜 나는 그렇게 열심히 했는데 아무것도 아닌 상태 그대로인지, 경주마처럼 달려왔던 시간이 한심하게 느껴지기까지 했다. 열심히 해야 한다는 의욕이 되살아나지 않은 채 어영부영 졸업을 맞이했다. 취업 준비를 할 여력도 없었기에 졸업 후의 삶은 오리무중이었다. '남을 돕는 일을 하고 싶어.'라는 목표도 흐릿해졌다.

그러던 어느 날, 학교 부설 기관에서 직원을 구한다는 공고를 봤다. 윤슬은 지원서를 냈고 운 좋게 합격했다. 할 일이 생기니 차라리 나았다. 조직에 폐를 끼치면 안 된다는 마음으로 일에 몰두했다. 일요일에 혼자 출근해 밀린 업무를 하기도 했다. 문제는 번아웃인지 슬럼프인지 모를 시기가 너무 일찍 찾아왔다는 것이다. 섭식장애가 심해졌고, 몸과 마음은 생각대로 움직여 주지 않았다.

그냥 울며불며, 하루하루 정말 버티는 마음으로 열심히 하고. 이제 회사에서도 그러니까 좀 괜히 안 좋은 소리도 듣게 되더라고요. 나는 별다른 그런 게 없었는데 주위에서 좀 남 말 하기 좋아하는 사람들이 저보고 대뜸 "우울증이냐. 힘들면 얘기를 제대로 하든지 그렇게 하지, 뭐 너 혼자만 힘드냐."고 약간 이런 식으로.

오해를 풀 힘도 없었고 방법도 몰랐다. 그저 버텼다. 2년간의 계약이 끝나고 다시 아무것도 없는 상태가 되자 삶이 더욱 아득하게 느껴졌다. 우선 실업 급여가 나오는 동안엔 '일'보다 '취미'를 찾아보기로 했다. 좋아하는 것을 하면 우울감이 좀 가신다는 말을 지푸라기 잡는 심정으로 붙잡았다. 윤슬은 바리스타 자격증을, 조향사 자격증을 취득했다. 무엇이든 열심히 하는 윤슬을 지켜본 이들이 함께 일해 보지 않겠냐는 제안을 했다. 윤슬은 감사한 마음에 최선을 다했다. 그러나 모든 일은 어떤 결론도 지어지지 않은 채 막연한 계획에서 끝나 버렸다. '왜 나에게만 이런 일이 일어나는 거지?' 자신을 좋게 봐 준 어른들을 미워할 수는 없었다. 윤슬은 결국 자신을 탓하기로 했다. 그게 가장 편하고 쉬웠다.

우울증이 심해지고 그러면서 이제 먹고 토하는 것도 우울감이 심해지는 만큼 더 심해지고, 자기혐오 이런 것도 엄청 심해졌던 것 같아요. 이런 일이 생긴 것도 다 내가 내 주장 제대로 못 하고 사람을 쉽게 믿고 그랬던 것 때문에 그런 거다, 라고 생각하기 시작하면서 고립이 시작됐고, 방황이 시작됐고. 그 뒤로는 이제 거의 하는 일 없이 지냈어요.

다섯 번째 이야기

윤슬이 처음 다이어트를 시작한 것은 고등학교에 입학할 때였다. 어린 윤슬은 살을 빼고 나면 인생이 달라질 줄 알았다. 가능한 한 많이 빼 보자 싶어 온갖 방법을 찾아봤다. 고구마만 먹으며 하루를 버텼다. 하루에 운동 네 시간은 기본이었다. 다이어트 강박이 하나둘 생기더니 나중에는 일상의 전부가 되어 버렸다. 먹는 양을 줄이고 또 줄이고, 끼니를 굶고 또 굶다 보니 고등학교 2학년 때 폭식이 찾아왔다. 힘들게 뺀 살이 고스란히 돌아왔다. 그럼 다시 굶었다. 폭식과 절식은 진자 운동을 하는 추처럼 계속 반복됐다.

그렇게 행복하지는 않았던 것 같아요. 그리고 뭔가 회의감을 느꼈던 게, 주변 사람들 반응이 뚱뚱할 때는 뚱뚱하다고 그렇게 한마디씩 거들더니 살이 빠지니까 왜 이렇게 살이 빠졌냐며, 그때가 보기 좋았다면서 한마디씩 거들고. 보는 사람마다. 그것도 너무 스트레스였고.

어떤 말을 듣든 예전으로 돌아가고 싶진 않았다. 놀림의 대상보다는 걱정의 대상이 되는 게 훨씬 나았다. 언제 폭식이 오고 살이 찔지 모른다는 생각에 살이 빠진 모습에도 만족할 수 없었다. 불안은 점점 더 커져서 폭식에 대비할 방법을 찾아야겠다는 생각에 이르렀다. 먹토를 만난 건 대학교에 입학한 지 얼마 지나지 않았을 때였다. 정확히 어디서 정보를 얻었는지 기억나지는 않지만, 인터넷에는 워낙 다양한 정보가 돌아다니니 '토하면 살이 안 찐다더라.'라는 말에 혹했던 게 분명하다.

호기심에 그냥 한번 했는데 그때 이제 그 쾌감을 맛본 거죠. 처음으로 약간 개운함, 내가 스트레스받고 막 이렇게 많이 먹어도 개운해요. '이렇게 다시 편해질 수가 있구나.' 그런 개운한 느낌. 스트레스가 확 풀리는 느낌.

과연 먹고 토하는 모든 이들이 쾌감을 느낄까? 나는 아니라고 생각한다. 특히 먹토를 오래 한 사람일수록 토하는 행위에 여러 가지 의미를 부여하고 있을 가능성이 높은데, 윤슬도 처음부터 개운함이나 쾌감을 느끼진 않았을 것이다. 살찔 것 같다는 불안감을 토하는 행위로 가라앉히고 그 횟수가 늘면서 토할 수밖에 없는, 토해야 하는 이유를 만들게 됐을 것이다. 그때부터 '먹토'라는 증상은 어마어마한 힘을 갖는다.

윤슬의 먹토가 심해진 건 대학교를 졸업하기 직전, 마지막 학기부터였다. 취업 준비에 대한 스트레스가 나날이 커지던 시기였다. 스트레스 해소를 위한 방법이 다양했다면 좋았겠지만, 항상 남이 먼저였던 윤슬의 삶에 자신을 위한 일은 거의 전무했다. 돌아갈 곳은 음식뿐이었다. 왕창 먹고 나면 어김없이 불안과 강박에 허덕였다.

나를 이해해 본 적이 잘 없어서 모르겠는데, 일단 저는 자기 부정을 엄청 많이 하는 편이거든요. 모든 감정이 어떻든 간에 기쁨이나 즐거움을 느끼려고 해도 안 돼. '내려와.' (감정을 제가) 당기고.

윤슬은 당시의 자신을 '살아 있는 시체'라고 표현했다. 가만히 누워 있다가도 갑자기 밤이나 새벽에 일어나 미친 사람처럼 먹고, 다시 토했다. 현실을 살고 있다는 감각이 점점 희미해졌다. 살을 빼도 삶은 달라지지 않았다. 어쩌면 더 나빠졌을지도 모르고.

사람은 무서우니까

삶을 스스로 꾸려 나가고 있다는 감각은 어떻게 느낄 수 있을까? 사람마다 다르겠지만, 자신이 원하는 것을 알고, 원하지 않는 것을 인정하고, 하고 싶은 일을 하고, 하고 싶지 않은 일은 적당히 피하거나 용기 내 부딪히기도 하면서 느끼지 않을까? 윤슬은 그 무엇도 하지 못했다. 그냥 살아 있었다. 시키는 일을 했다. 힘들어도 힘들다 말하지 못하고 어려워도 어렵다 말하지 못했다. 그 사이에서 내 의지로 할 수 있는 유일한 일이 바로 먹고 토하는 것이었다.

그 당시에는 입맛이 없기도 없었고, 잘 먹지는 않았던 것 같아요. 일단 점심을 다 같이 먹어야 되니까, 나한테 그런 (좋지 않은) 말을 하는 사람들이랑 같이 먹고 막 이래야 되니까 더 못 먹겠고. 못 먹으면 또 못 먹는 대로 한 소리씩 했었거든요. 왜 그렇게 안 먹냐고. 그러니까 더 주눅 들어 가지고 못 먹기도 했고. 그러다가 스트레스가 이제 빵 하고 터지는 날에 집에 가서 폭식을 한다거나 토하고. 그렇게 2년을 보냈죠.

사람들과 잘 지내는 법조차 잊어버렸다. 직장에서의 관계가 어려우면 친구들에게라도 기댈 수 있어야 하는데, 친구들 전화번호를 다 눌러 놓고도 통화 버튼을 누르지 못했다. '엄마가 놀라더라도 무작정 전화를 걸어 힘들다고 말해 볼까?' 생각한 밤은 수없이 많았지만 단 한 번도 전화를 걸지 않았다. 걸지 못했다. '이 상황을 만든 건 나다.' 직장에서 적응하지 못하는 것도, 건강하게 다이어트를 하지 못하는 것도, 먹토를 끊지 못하는 것도 전부 다 내 문제니까 이 악물고 버티는 수밖에 없다고 생각했다.

(먹고 토하는 게) 시간 때우기용 그런 것도 있겠죠. (시간이 빨리 가니까.) 그래서 외롭고 무섭다는 생각을 요즘에 제일 많이 하는 것 같아요. 그냥, 그냥, 뭔가 그냥 그래서 가족 포함해서 사람들이랑 딱히 뭔가를 하고 싶지도 않고, 처음에 얘기했던 것처럼 뭔가 보고 듣고 느끼고 하는 것도 싫고 귀찮고.

섭식장애와 함께하는 시간이 길어질수록 섭식장애랑만 있어도 하루가 금방 지나갔다. 미친 듯이 먹고 미친 듯이 토하면 곧 날이 저물었다. 뭘 생각할 틈도, 필요도 없었다. '이게 맞나?'라는 생각이 드는 것도 잠시, '그냥 이러다 죽으면 되지 않을까?' 하는 마음이 의심을 덮었다.

분명 놀림받기 싫어서, 더 나은 삶을 살고 싶어서 시작한 다이어트였는데 곁에는 아무도 없고 섭식장애만 남았다. 그런데 그게 썩 나쁘지만은 않았다. 사람은 무서우니까. 관계를 맺는 게 점점 더 두렵고 무서워졌다. 그들에게 좋은 사람이 될 수 있을까? 실망시키면 어떡하지? 나를 오해하면, 아니면 그들이 나 때문에 감정이 상하면 어떡하지? 확신할 수 있는 게 하나도 없었다.

내가 지금 상태가 안 좋으면 안 좋을수록 좋은 모습 못 보여 주고 좋은 말 못 할 것 같으니까, 여유가 없으니까 그냥 멀어지는 거예요. 연락을 더 안 하게 되고.

누구에게도 손을 내밀 수 없었다. 고립. 끝없는 고립이었다. 창문 너머로 들려오는 사람들의 웃음소리도 듣기 힘들었고, 블라인드 사이로 들어오는 햇빛마저 싫었다. 살이 너무 빠져서 운동도 할 수 없었다. 모든 것이 지나치게 자극적이었다. '죽어야 끝나겠구나.' 싶었다.

뭔가 서럽기도 하고 답답하고 너무 무겁고 괴롭고 마음도 아프고 스스로한테 화도 나고. '진짜 내가 죽어야 끝이 나나.' 막 갑갑한 느낌, 자책이 좀 많이 컸던 것 같아요. 그냥 이 모든 거를, '이걸(섭식장애를) 핑계로 현실로 나가려고 하지 않는 그 두려움이나 겁이 나는 걸 너도 알면서 지금 핑계만 대고 있잖아, 그래서 더 힘든 거잖아.' 약간 이런 식으로 그냥 자책……

섭식장애와 함께하는 삶은 그런 삶을 살고 있는 자신을 '벌'해야 한다는 생각으로 번졌다. 우울이 먼저인지 섭식장애가 먼저인지 알 수 없지만 한번 자리 잡은 우울감은 점점 더 커졌다. 윤슬은 자해를 하기 시작했다. 먹고 토하고 나면 지쳐 쓰러졌고, 그렇게 쓰러진 채로 시간을 보내고 나면 자해를 하고 싶었다. 해야 할 것만 같았다. 의심스럽기도 했다. 병일까? 이게 정말 병일까? 그냥 내가 원래부터 이상한 사람이었던 게 아닐까?

시간이 지날수록 일상에 더 번져 가잖아요. 강박이나 이런 것들이. 내 마음이 지금 불안정하니까 이상한 규칙들이 막 세워지고 내 안에서 그걸 안 지키면 또 자책하고. 악순환인 것 같아요. 그거(먹토)를 끊어 내시는 분들은 진짜 어떻게 하시는 건지 저 진짜 대단하다고 생각해요. 보면 뭐 폭식을 해도 진짜 죽을 듯 살 듯 막 참고 더 안 하려고 그러시는 분들도 있다고 하고. 그런데 그것도 저는 진짜 대단하다고 생각하거든요.

낫기 위해 아주 조금의 노력도 하지 않는 건 애초에 병 때문이 아니라 '나'이기 때문이지 않을까? 윤슬은 분명 섭식장애와 멀어지고 싶다가도 '멀어지고 나면 뭘 해야 하지? 어떡하지?'라는 불안감에 무섭다고 했다. 먹고 토할 때는 마치 모든 기억이 삭제된 것처럼 먹고 토하는 것에만 몰두하게 된다고. 자신이 먹고 토하는 모습을 떠올리면 짙은 외로움이 느껴지고, 무섭고, 괴롭다. 하지만 어떤 날에는 먹고 토하는 게 '너무 지친다.'라고 생각하면서도 '만약 섭식장애가 사라진다면? 그러면 정말 다 괜찮아질 수 있나?'라는 질문에 자신 있게 '그렇다.'라고 답하지 못한다. 그런 자신을 보면 웃기기도 하다. 웃기고 슬프다.

한편으로는 섭식장애와 멀어져서 다시 살이 찌면 그나마 얻을 수 있었던 관심과 사랑, 걱정이 줄어들 것 같아 두렵다. 그런 이야기를 하며 윤슬은 내게 물었다. "진솔 님, 제가 정말 섭식장애 환자일까요? 제가 아픈 걸까요?"

섭식장애는 정말 병일까? 윤슬뿐 아니라 모든 인터뷰 참여자가 같은 질문을 했다. 그런 병이 있다고 해도 내가 정말 그 병에 걸렸다고 할 수 있는지 모르겠다며 자신의 생각을, 말을, 몸을 잘게 쪼개며 검열했다. 칼로리를 쪼개듯이, 음식을 쪼개듯이, 우리는 우리 자신을 쪼갰다. 이 넓은 세상에서 쪼개진 우리는 어떻게 살아가야 할까?

윤슬은 섭식장애를 '치료'해야겠다는 생각을 깊게 해 본 적이 없었다. 치료를 하려면 내가 병에 걸렸다는 사실부터 알아야 하는데 윤슬에게 섭식장애는 너무나 당연한 것, 없으면 안 되는 존재였기 때문이다. 처음에 정신건강의학과에 내원한 것도 섭식장애가 아니라 우울 때문이었다. 너무 힘들어서, 어디가 고장 난 것 같아서 참다못해 제 발로 병원에 갔다. 그때에도 섭식장애는 치료 대상이 아니었다.

(윤슬 님한테 섭식장애를 치료한다는 건 어떤 거예요?) 내가 가지고 있는 증상을 인정하는 거. 근데 그 인정이라는 것도 정확하게 무슨 뜻인지를 모르겠어. 단순히 '그냥 나 아파.' 이게 아니고 뭔가 더 깊은 뜻이 담겨 있을 것만 같은 느낌. 이런 행위가 나랑 어떠한 연관이 있는지, 어떤 감정이랑 연관이 있는지 깊게 좀 들어가야지 인정이라는 말을 붙이는 게 맞는 거 아닐까라는 생각도 들고.

병이 병인 줄 모르고 살았던 긴 시간을 지나 윤슬은 이제야 조금씩 섭식장애와 마주하고 있다. 우울 때문에 갔던 병원에서는 섭식장애가 우울증의 증상 중 하나라고 했다. 사실 무엇이 먼저인지는 중요하지 않다. 너무 얽혀 있으니

우울이 섭식장애를 부르고 섭식장애가 우울을 부른다. 중요한 건, 지금까지 당연하다고 생각했던 것들이 '병'이라는 사실이다. "누구도 태어날 때부터 '먹고 토해야지!' 생각하지 않아요."라는 나의 말에 멍한 표정을 짓던 윤슬이 떠오른다.

병원은 잠깐씩 한번 찔러봤던 거, 그런 거 말고 꾸준하게(는 안 갔어요). 그냥 내가 혼자 견뎌 내야 된다는 생각이 컸던 것 같고. 의사가 이해를 하지 못할 거라는 생각도 좀 강했던 것 같아요. '겪어 보지 않았으니까 (이해하기가) 참 어렵겠다.' 먹는 거는 당연한 인간의 기본적인 욕구인데 그걸 못 하고 안 하고 있으니. 그리고 그때는 이렇게까지 오래갈 줄, 그게 나를 이렇게 오래 괴롭힐 줄 몰랐어요.

윤슬의 '독립적인' 성격은 병을 이해하고 치료를 마음먹기까지 긴 시간이 걸린 가장 큰 이유였다. 누군가에게 힘들다거나 도움이 필요하다고 말하는 건 상대에게 짐을 지우는 것 같아 최대한 피했다. 친구들뿐만 아니라 가족들에게도 그랬다. 말도 안 되게 말라 가는 윤슬을 보며 가족들은 걱정했지만, 큰 반응을 보이지는 않았다. 윤슬은 스트레스가 조금 심할 뿐이라며 웃어넘겼다. 퇴사 후 본가에 돌아가지 않았던 것도 가족들에게 솔직하게 말할 수 없었기 때문이다.

사랑하지만, 사랑하기에 말할 수 없었다. '이해해 줄까?' 두렵기도 했다. 나와 상담을 하는 내내 윤슬은 가족에 대한 애정과 그리움을 표현했다. 이미 다 지난 과거고, 돌아간다고 해도 달리 행동할 것 같지는 않지만, 만약 솔직하게 말했다면 어땠을까? 나를 사랑해 달라고, 너무 힘들다고 말했다면 이렇게까지 자신을 고립시키는 병에 걸리지 않을 수 있었을까?

하지만 전부 상상에서 그칠 뿐이다. 전문가에게도 솔직하게 말할 수 없는데 어떻게 가족에게 병을 이야기할 수 있을까. 엄마에게 당신이 정성 들여 만들어 준 음식조차 다 토해 버린다고 말하면, 엄마는 과연 걱정할까 아니면 화를 낼까?

엄마한테 "집에 가도 엄마 없네." 이랬는데, 엄마가 요새 좀 갱년기가 심해지셔 가지고 그 (대답하는) 목소리에 지침과 약간의 짜증이 섞인 그런 목소리인 거. 그런 말투로 얘기를 하시는데 저한테 그 말이 딱 꽂히는 거예요. (…) 그 말이 좀 되게 서운하고 그렇더라고요. 그래서 거기에 또 꽂혀 가지고 한동안 생각했다가.

심리 상담 역시 병원과 비슷하게 우울감에 숨이 막혀 누구에게라도 털어놓고 싶어 찾아갔다. 이야기는 자연스럽게 섭식장애로 흘러갔다. 윤슬이 폭식하고 토하는 자신이 너무 싫다고 말하면 상담사들은 "왜 폭식하고 토하면 안 된다고 생각해요?"라고 되물었다. 처음엔 무척 새롭고 편견 없는 질문이라고 생각했는데 나중에 보니 그게 그들이 할 수 있는 전부였다. 질문에 대해 생각하고 이야기하는 건 좋았지만 증상이 나아지지는 않았다. 스스로에 대한 생각이나 감정이 달라지지도 않았다.

이거는 '직접 겪어 본 사람만이 진짜 알 수 있는 문제이지 않을까.'라는 생각이 들었어요. 그리고 처음에는 머리로는 다 아는 그런 방법들 있잖아요. 뭐 '폭식하고 싶으면 밖에 나가라. 지갑 두고 외출해라.' 그런 식으로 방법을 제시했었던 거에 대해서 좀 실망 이런 것도 있었고. 근데 결국은 또 제가 마음을 다 열지 않아서 그랬지 않았을까. 그냥 마음 한편에 '나는 낫지 않을 거야. 평생 (이렇게) 살다가 죽을 거야.' 이런 벽. 마음의 벽.

인터뷰 중에 윤슬은 "증상이 사라지면 정말 다 나은 걸까요?"라는 질문을 했다. 한때는 나 역시 증상을 없애기 위해 고군분투했다. 토하지 않으면, 폭식하지 않으면, 굶지 않으면……. 하지만 막무가내로 증상을 참고 없애려 하니 섭식장애 증상이 아닌 다른 형태로 자신을 아프게 하기 시작했다. 윤슬은 내 이야기에 공감했다. 어떤 밤은 자해하고 싶은 욕구가 몰아쳐 죽을 것 같다며 눈시울을 붉혔다.

심리 상담을 공부하고 업으로 삼으며 깨달은 사실은 증상에, 숫자에 집착할수록 가장 중요한 것을 놓치게 된다는 점이다. 윤슬이 섭식장애와 만난 시작점을 되짚어 보면 분명 다이어트였다. 그렇다면 다이어트를 하지 않으면 되는 걸까? 아니다, 그가 다이어트를 하게 된 이유부터 생각해야 한다. 놀림받고 상처받았던 윤슬, 누구에게도 기대지 못하고 힘들다 말하지 못하고 혼자 이불 속에서 눈물을 삼키던 어린 윤슬부터 만나야 한다.

어떨 때 먹고 토하는 게 더 심해지냐, 어떤 방법들을 생각해 봤냐, 뭐 이런 얘기들은 많이 했지만, 그때 돌아서면 그냥 또 먹고 토하고 있더라고요. 오히려 상담이 끝나고 나서 좀 더 증상들이 심해졌던 것 같아요. 왜 그런지 모르겠는데 뭔가 공허한 느낌도 더 커지고 내 이야기를, 아주 오랫동안은 아니지만 그렇게 이야기를 했음에도 난 여전히 먹고 토하네. 에라이, 모르겠다. 그대로네. 역시나.

윤슬은 몇 번 토했는지, 뭘 먹고 토했는지, 언제 토했는지 등을 이야기하는 것도 중요하지만, 자신에게 필요했던 건 '나'에 대해 이야기하는 경험이었던 것 같다고 했다. 도움이 필요해서 상담 센터에 가긴 했지만, 증상만으로 자신을 바라보고 증상의 유무나 정도만이 전부인 대화는 스스로를 섭식장애와 동일시하는 데 일조할 뿐이었다. 물론, 그들이 자신을 위해 노력해 주었다는 걸 알지만 섭식장애 이야기만 나오면 하나같이 증상에 집중하는 상담사들을 보며 외로움과 공허함을 느낄 수밖에 없었다.

상담사랑 그냥 그런 (일상에서의) 감정을 주고받다 보면 이제 상담사도 느낄 거 아니에요. '이 사람은 이런 성향이고 이런 성격이구나. 그러면 무조건 폭식하고 참으라는 말은 못 하겠네.' 약간 이런 식으로 그 사람의 눈높이에서 같이 한번 (생각하고 이야기하고). 제가 내담자라면 그런 식으로 같이 가면 좀 용기가 생길 것 같은.

태풍의 눈일까, 태풍 자체일까
윤슬의 섭식장애는 10년 전과 크게 다르지 않다. 여전히 먹고 토하는 날의 연속이다. 먹고 토하다 보면 하루가 훌쩍 지나가 컴컴한 어둠이 기다리고 있다. 변화가 필요하다는 사실을 알지만, 새로운 것을 시작하는 건 너무 두렵다. 앞뒤 가리지 않고 미친 듯이 달릴 자신의 모습을 떠올리기만 해도 숨이 막힌다. 그렇게 달린 후 찾아올 아득한 공허감을, 시작하기도 전에 느끼고 마는 것이다.

나를 받아들이고 인정하고 이해하는 게 어떻게 보면 (치료의) 첫 번째 단계인 것 같긴 한데 그게 제일 어려울 것 같아요.

사람들은 쉽게 말한다. 있는 그대로의 나를 인정해야 한다고. 윤슬은 대체 '있는 그대로의 나'가 뭘까 싶다. 원래 이런 사람인 것 같고, 먹고 토하는 나가 그냥 나 같다. 다른 사람들은 대체 어떻게 자신을 찾거나 알아차릴 수 있지? 상담 중에도 어떤 감정이 느껴지는지, 무슨 생각을 하고 있는지 등의 질문을 받으면 얼어 버린다. '이게 정말 내가 맞아? 내가 느끼고 있는 게 확실한 거야? 맞는 거야?' 스스로에게 반문하면서. 먹고 토하는 것 말고는 전부 사라진 것 같다. 나는 뭘 좋아했지? 나는 누구지……?

이미 머릿속에 딱 박혀 버려서. '먹으면 토해야 된다.' 이 문장이 뭔가 이제 지워지지 않는, 시간이 지나면 지날수록 흐릿해질 줄 알았는데 더 선명해지고, 내 인생에서 비중이 더 커.

어쩌면 윤슬은 태풍의 눈이 아닌 태풍 자체가 되어 버린 게 아닐까. 스스로를 고요하게 바라볼 시간 따위 없이, 소용돌이와 같은 혼란 속에 있는 것이다. 섭식장애를 병으로 바라보기도 힘들고 자신과 섭식장애가 분리되지 않아 자책과 자괴감만 쌓여 가는 날들을 살아 내고 있다. 나는 그런 윤슬의 곁에서 그가 태풍의 눈에 도달하든 태풍에서 완전히 빠져나오든 있는 그대로의 자신을 바라볼 수 있는 상태가 되기를 기다리고 있다.

윤슬은 지금까지 자신을 궁금해하기보다 혼내기 바빴다. 잠을 못 자는 것도 내 탓, 밥을 제대로 못 챙기는 것도 내 탓, 먹고 토하기만 하면서 힘들다는 것도 결국 또 내 탓. '외롭고 불안한 나'는 없는 것처럼 굴었다. '감히 누가 힘듦을 논해?'라며 스스로를 더 미워하고 몰아세웠다.

스스로한테 '제발 하나만 하자.' 이렇게 막 얘기도 해 봤다가 차라리 이게 선택지가 있었으면 좋겠다는 생각도 하고. '어떻게 하면 좀 편안해질 거야, 이 기분이 편안해질 수 있는 행동을 고르시오. 1번, 2번, 3번.' 이런 식으로. 근데 나한테 맞는 방법 그런 거는 이제 내가 해(찾아) 나가야 되는 거니까 그게 참 되게 어려운 것 같아요.

그럼에도 다행인 것은 윤슬이 치료를 멈추지 않았다는 것이다. 매주 병원 외래 진료에 가고 약(항우울제, 항불안제, 수면제 등)을 처방받는다. 매주 있는 나와의 상담도 가능한 한 빠지지 않는다. 다 그만두고 싶고 멈추고 싶다가도 마음 한편에는 누군가와 이어지고 싶은 마음이 있다. 세상과 단절되는 게 편하다고 말하지만, 함께여서 감사하다고 말하기도 한다. 둘 다 윤슬의 마음일 것이다. 지금까지는 '혼자'에만 귀 기울였다면 이젠 그 외의 마음들에 귀 기울일 차례다. "진솔 님을 만나는 게 약간 내가 발견되는 느낌, 생존 확인? 진짜 어디 저 구석에 있는 내가 발견되는 느낌. '살아 있네.'" 오랫동안 혼자 구석에서 웅크리고 있던 윤슬을 불러 본다. 너의 이야기가 궁금하다고.

구렁텅이에서 구제해 줄 방법

자신에게 엄격한 윤슬을 위해 섭식장애를 조금 멀리서 볼 수 있도록 다른 사람들을 대입해 이야기를 진행해 보았다. 만약 섭식장애를 앓는 사람을 만난다면 어떤 말을 해 주고 싶은지, 친한 친구가 섭식장애로 힘들어하고 있다면 윤슬 자신에게 하듯이 엄격하게 이야기할 수 있을까?

만약에 저랑 비슷한 분을 만나게 된다면, 나도 그런 입장은 안 되지만 그냥 해 줄 수 있는 거는 뭔가 다 도와주고 싶을 것 같거든요. 그래서 혼자라고는 생각을 하지 말았으면. 이게 시간이 가면 갈수록 진짜 외로운 병이라고 정말 많이 생각이 들거든요. 어디 진짜 얘기도 못 하고 맨날 일기장에 빨간 볼펜으로 (쓰고). 정작 이렇게 얘기하는 저도 '난 결국은 혼자구나.'라고 생각하지만, 남들은 그렇게 생각하지 않았으면…….

처음에는 쉬이 입을 열지 않았다. 섭식장애를 앓는 '내'가 문제라는 생각이 익숙했지만 막상 섭식장애를 앓는 친구나 다른 사람에게 건네는 말이라고 생각하니 당신이 문제라는 말을 하고 싶지도, 할 수도 없었기 때문이다. 내가 만나 온 윤슬은 누구보다 다른 사람의 감정에 예민하고 세심하게 반응하는 사람이었다. 상담이나 인터뷰 끝에는 "감사해요." 라는 말을 꼭 붙였고, 혹시 내가 피곤해 보이는 날이기라도 하면 무척 걱정해 주었다. 나는 윤슬이 스스로에게도 그런 마음으로 말을 걸어 준다면 지금보다 조금은 덜 힘들지 않을까 싶었다. 그가 내게 한 말을 그대로 돌려주고 싶었다. 그렇게 이야기하니 윤슬은 이렇게 답했다.

어떻게 보면은 이렇게 나를 잃고 버리고 모질게 대하는 행위라는 생각이 들다가도 결국에는 어쩌면 이게(섭식장애가) 나를 지키는 최후의 수단, 방법이라는 생각이 들기도 해요. 그러니까 나를 구렁텅이에서 구제해 줄 수 있는.

사람들은 섭식장애가 무조건 나쁜 것이라고만 생각한다. 없애야 할 골칫덩어리, 해결해야 할 문제. 그러나 인간이 어떤 행동을 유지하는 데에는 분명 이유가 있다. 그를 통해 얻는 게 있으므로, 그게 그저 익숙함뿐일지라도 누군가는 익숙함을 안전함으로 인식하기도 하는 것이다.

윤슬은 줄곧 섭식장애와 자신을 나쁘게만 이야기했었다. 이해할 수도 없고, 이해하면 안 되는 존재라고 생각했다. 그러나 한 발 물러서서 자신의 자리에 다른 사람을 세워 보고, 또 섭식장애가 제 삶에서 왜 이리 오랜 시간 크나큰 자리를 차지하고 있는지 생각해 보니 어렴풋이 느껴진 것이다. '너무 힘들어서 섭식장애를 택하는 사람도 있지 않을까? 혹시 나도 그렇지 않을까?' 윤슬의 눈이 일렁였다.

(나를 구하고 싶은 마음도 있나 봐요.) 회의감이 진짜 좀 많이 드는 것 같아요. 먹는 거는 기본적인 욕구니까 그 욕구를 잃어버리고 살아간다는 게 얼마나 외롭고 고통스럽고 괴롭고.

윤슬은 아주 긴 터널을 지나고 있다. 컴컴하고 눅진한 공기 속을 걷고 있다. 살아 있는 것보다 죽는 게 더 낫지 않을까 싶은 날들 속에서 윤슬은 도움을 요청하는 법부터 배우고 있다. 어쩌면 자신에게 도움이 필요하다는 사실을 아는 것부터 시작일지도 모르겠다. 이따금 윤슬에게서 생존 확인이라며 메시지가 날아온다. 우울하고 힘든 마음을 우르르 쏟아 내는 것처럼 보이지만, 끝에는 꼭 귀여운 이모티콘과 함께 잘 지내다가 상담 때 보자는 말이 붙어 있다. 나는 윤슬이 터널의 끝에서 하고 싶은 일들을 맘껏 하고, 가고 싶은 곳들을 맘껏 가고, 먹고 싶은 것들을 잔뜩 먹을 수 있기를 바란다. 어떤 모습이더라도 당신은 반짝이고 소중하다는 말에 고개를 끄덕이는 날이 오기를.

'윤슬'은 햇빛이나 달빛이 비치어 반짝이는 잔물결을 칭하는 말이다. 자신의 가명을 윤슬로 지은 것을 보면, 사실은 알고 있지 않아? 네가 얼마나 반짝이는 존재인지.

하나가 둘이 되고
둘이 셋이 되는 '동반 질환'

섭식장애는 불안 장애, 기분 장애, 물질 남용 장애 등 다른 정신 질환이 함께 나타나는 경우가 많습니다. 그중에서도 우울 장애와 강박 장애가 가장 많다고 해요. 인터뷰 참여자들 역시 부정적인 생각이나 감정이 올라올 때 그 감정을 즉각적으로 끊어 내기 위해 폭식을 하거나 구토를 하고, 그로 인해 다시 우울, 불안, 죄책감 등을 느끼는 악순환을 반복하고 있었는데요. 이런 부분들을 상담이나 치료에서 제대로 다루지 않을 경우 섭식장애가 아닌 다른 위험한 행동에 빠질 가능성이 굉장히 큽니다.

이를테면 윤슬은 섭식장애만이 아니라 심각한 우울과 불면증으로 늦은 밤이나 이른 새벽까지 잠들지 못하고 자해나 자살에 대한 생각들로 점점 더 지쳐 가고 있다고 이야기했는데요. 여러분, 그거 아세요? 섭식장애는 사망률이 굉장히 높은 병입니다. 특히 '자살'로 이어지는 경우가 많아요. 폭식증도 치사율

(어떤 병을 앓는 환자 중 해당 병으로 인해 죽는 환자의 비율)이 높은 병이지만, 거식증 환자 중에는 자살로 생을 마감하는 이들이 정말 많다고 해요.

이는 섭식장애 자체보다 섭식장애와 함께 나타나는 증상이나 질환이 주원인이라고 볼 수 있어요. 우울이 너무 심해지거나 불안, 강박, 자책 등이 감당할 수 없을 만큼 커지면서 '죽음'에 대해 생각하게 되는 것이죠. 아직 섭식장애를 위한 약물 치료제는 없습니다. 하지만 우울이나 불안 등으로 힘들어하는 분들에게는 약물 치료를 받아 보시길 권하는 편이에요. 감정을 잘 다루고 관리하는 것은 건강한 삶의 기본 바탕이니까요.

우리가 우리 자신의 감정을 잘 다루지 못하면 섭식장애에 기대게 됩니다. 많은 연구에서 섭식장애는 부정적인 감정에서 도망칠 수 있는 '도피처' 역할을 한다고 보고됐는데요. 힘들거나 불안할 때 위로의 수단이 되어 주는 거죠. 외국의 한 연구에서는 폭식을 하거나 변비약, 구토제를 사용하면 부정적인 감정이나 그로 인한 고통을 조절하는 데 도움이 되고 거기에 의지하게 된다고 설명합니다. 마치 뫼비우스의 띠처럼, 우울하거나 불안해서 폭식을 하고, 폭식 때문에 토하거나 약을 사용해서 제거

행동을 하고, 그에 죄책감과 자괴감을 느껴 다시 우울과 불안으로 돌아가는 거죠. 어쩌면 더 큰 우울과 불안으로 바뀌어 가는 과정일지도 모릅니다.

저 역시 섭식장애와 함께 심각한 우울증을 겪었고 스스로를 '먹고 토하는 괴물'이라 칭하며 미워하고 원망했습니다. 영영 이 병에서 자유로울 수 없을 거라고 생각했어요. 나아지려는 아주 작은 노력마저, 그 노력을 하는 상상만으로 눈물이 나고 도망치고 싶었습니다. 윤슬과 마찬가지로 제가 정신건강의학과를 처음 내원한 것도 섭식장애가 아닌 우울 때문이었어요. 다방면에서의 치료가 필요했습니다. 그만큼 긴 시간이 걸렸고요.

누구는 알코올 중독으로, 누구는 게임 중독으로, 누구는 쇼핑 중독으로. 섭식장애는 그렇게 다른 얼굴을 한 채 나타나거나 새로운 가면을 씌우더라고요. 어쩌면 '섭식장애' 역시 하나의 증상이나 신호에 불과할지도 모릅니다. 이런저런 진단명을 통해, 결국은 '마음'이 힘들다고 우리에게 알리고 있는 건 아닐까요?

하나 덧붙이자면 섭식장애는 정신 질환뿐만 아니라 다양한 신체 질환과도 관련이 있습니다. 치아 손상, 탈모, 소화 기능 및 배변 기능 저하, 월경 불순, 기립 저혈압, 골다공증 등 한두 가지가 아니에요. 제가 이 부분에 대해 언급하지 않은 이유는 겉으로 보이는 신체 증상에 가려지는 마음을 강조하고 싶어서였어요. 하지만 심각한 저체중을 비롯해 생명에 위협적인 신체 증상도 있으니 그럴 땐 우선 살려야 합니다. 살아야 마음도 나눌 수 있잖아요.

'그래서 섭식장애는 나을 수 있는 거야? 나은 사람이 있긴 해?'

어쩌면 누군가는 섭식장애를 극복(완치)한 이야기를 기대하면서 이 책을 펼쳤을지도 모르겠다. 그래서 긴 이야기를 읽고 나면 이런 질문들을 먼저 떠올렸을지도. 대부분 병은 치료해야 하고, 치료했다면 나아야 한다고 생각할 테니 말이다. 그러나 어떤 병은 병이라고 인정받는 것도, 환자가 자신이 병에 걸렸음을 인지하는 것마저 어렵다. 당연히 치료는 머나먼 이야기처럼 느껴진다. 어떤 사람은 차라리 치료를 포기하는 게 더 편할 것 같고 이대로 살다가 어느 순간 죽어 버리면 그만이라고 생각하기도 한다. 이 책은 그런 이들에게 보내는 편지이자 초대장이다. 병이 있어도 살아갈 수 있고, 살아도 된다고 말하고 싶어서 썼다. 그리고 섭식장애는 다이어트에 미친 사람들이 걸리는 병이라거나 의지가 약해서 걸리는 병이라는 편견을 깨고 싶어서 썼다. 우리처럼 죽을 고생을 하면서 사는 사람이 어디 있다고!

분명히 섭식장애는 다이어트와 몸, 외모 강박과 관련이 깊은 병이다. 하지만 이는 한 개인의 문제가 아니다. 온 사회가 말하고 있지 않나? "지금 너의 모습은 충분하지 않아."라고. 지금부터는 조금 딱딱하지만 여러 연구 결과를 토대로 이야기해 보려 한다.

　　과거의 몸이 단지 몸이었다면, 이 시대의 몸은 그 자체로 하나의 자본이자 권력이며, 자기 관리의 증표가 되었다. 체중이 많이 나가는 사람에게는 흔히 게으르고 의지가 약하다는 부정적 이미지가 덧씌워지는 반면, 날씬한 몸은 유능함, 성공, 철저한 자기 관리, 성적 매력 등의 상징이다. 먹고 싶은 음식을 참고 억지로 운동을 하는 등 자신의 욕구를 최대한 억제해 체중을 관리하는 행동은 언제부터인가 '자기 관리'라는 의미로 통용되고 있다.

　　거의 모든 여성이 날씬한 몸, 나아가 마른 몸을 선호하는 가운데 문제는 신체를 평가할 객관적인 기준은 정해져 있지 않다는 것이다. 결국 TV 속 연예인이나 모델, 혹은 자신보다 날씬한 사람들과 비교하게 되는데, 이러한 경향은 젊은 여성들에게 사회적 압력으로 가해지고 체중 감량에 대한 욕구를 높이는 결과로 이어진다. 그저 마르고 싶어서가 아니다. '몸'이 어떤 상태인가에 따라 우리는 상대에게 호감을 살 수 있고 매력적인 사람이 될 수 있고 삶을 열심히 잘 살아가는 사람이 될 수 있으므로 세상이 말하는 '좋은 몸, 괜찮은 몸'을 만들기 위해 노력한다.

2001년부터 2019년까지 성인 5만 4114명의 체중 감량 행동을 조사한 '국민건강영양조사'에 따르면 과거에 비해 다이어트를 하는 사람들이 훨씬 많아졌다. 남성은 두 배의 증가율을 보였으며 여성은 응답자 절반 이상이 다이어트를 하고 있었다. 다이어트 자체를 비난하거나 문제라고 판단할 수는 없다. 성공적인 다이어트는 외모 자신감을 향상시키기도 하고, 평소에 가지고 있던 우울한 감정을 줄여 주기도 한다.

문제는 사람들이 생각하는 '성공적인 다이어트'의 기준이 지나치게 높다는 것이다. 현대 사회가 추구하는 '이상적인 신체 이미지'는 체질량 지수(BMI) 16 미만의 극단적인 저체중이다. (체질량 지수가 16 미만이려면 160cm인 여성 기준으로 41kg 미만이어야 한다.) 이러한 비현실적인 이상과 기준에 도달하기 위해 사람들은 다이어트에 점차 병리적으로 집착하게 되며, 심각한 경우에는 섭식장애로 이어지기도 한다. 특히 한국 여성들은 타 문화권에 비해 이상적인 신체 및 외모 기준이 매우 높은 편이다. SNS가 발달하고 TV 속 연예인들이 점점 더 말라 가는 상황에서 우리는 과연 이 병의 심각성에 얼마나 주의를 기울이고 있을까?

2023년 국민건강보험공단 자료에 따르면, 2018년 8321명이었던 섭식장애 환자는 2022년 1만 2714명으로 약 50% 증가했다. 더 놀라운 점은 10대 이하 여성 거식증 환자가 2018년 275명에서 2022년 1874명으로 일곱 배 가까이 늘어났다는 사실이다. 이는 모든 연령대 중 가장 큰 증가 폭이었다. 또한 보건복지부가 실시한 '2022년 정신건강실태조사'에 따르면 소아(6-11세)의 1%, 청소년(12-17세)의 2.3%가 섭식장애를 앓고 있었는데, 여성 청소년만을 집계하면 전체 조사자의 3%로 가장 높은 비율을 기록했다.

요컨대 섭식장애 환자는 계속 늘어나고 있고, 발병 나이는 점점 더 낮아지고 있다. '눈 가리고 아웅'할 때는 이미 지났다는 이야기다.

그러나 국내에서 섭식장애는 여전히 '음지의 질환'으로 여겨진다. 2013년 섭식장애 심포지엄에서 보건복지부 정신건강정책과 위환 서기관은 섭식장애의 심각성에 대한 인식이 부족하고 무엇보다 제대로 된 연구 자체가 이뤄지지 않았다며 열악한 섭식장애 치료 환경에 대해 언급한 바 있다. 그로부터 10년 이상이 지난 지금도 국내에는 여전히 섭식장애에 대한 공식적인 대책이 없다. 전수 조사조차 이뤄지지 않은 상황이다.

언론도 마찬가지다. 섭식장애에 관련된 활동을 7년째 하고 있는 사람으로서 볼 때 언론이 섭식장애를 다루는 방식은 매우 피상적이고 일시적이다. 자극적인 이미지나 단어, 이야기들을 엮어 섭식장애를 앓는 이들이 '얼마나 다른지' 만을 강조한다. 외모 지상주의가 문제다, 다이어트가 문제다, 프로아나가 문제다 등 끊임없이 문제를 지적하지만 그게 전부다. 몇 년 전 기사와 오늘의 기사가 크게 다르지 않다. 병은 이슈거리가 아님에도 불구하고, 유독 섭식장애는 유행처럼 입방아에 오르내린다.

"왜 이렇게 가혹한 다이어트를 할까요? 다이어트 뒤에는 무엇이 있을까요?"

인터뷰나 강연을 할 기회가 있을 때마다 청중들에게 꼭 묻는다. 한 번이라도 다이어트 뒤에 있는 '사람'이 궁금한 적이 있었냐고. 심지어 의사나 상담사 중에도 섭식장애 환자 앞에만 서면 아픔을 상상하지도 이해하지도 못하는 이들이 많다. "왜 그렇게 몸무게에 집착하냐, 충분히 날씬하다, 자신을 사랑해야 한다, 부모님에게 미안하지 않냐, 먹을 게 없어 굶어 죽는 사람이 얼마나 많은데 복 받은 줄 알아라." 등등 씨알도 먹히지 않을 말들만을 늘어놓을 뿐이다.

알고 있다. 그들도 걱정되고 불안하고 어떻게든 도와주고 싶어서 지구 반대편 아프리카 난민까지 끌고 와 이야기하는 것이겠지. 하지만 섭식장애를 겪고 있는 사람들에게 그 말들은 '너는 틀렸다, 문제다, 나쁘다.'라고 평가하는 것과 다르지 않다. 죄책감을 유발해서 낫게 하려는 이들을 수도 없이 봤다. 섭식장애를 '이론'으로만 이해했기 때문에 나타나는 현상이다. 진단 기준이나 책으로만 섭식장애를 접한 이들은 실제 섭식장애 환자들을 만났을 때, 그들의 행동(씹뱉, 먹토, 음식 거부 등)과 몸무게, 사이즈 등 겉으로 보이는 것에 집중하기 쉽다. 이를테면 몇 번 토했는지, 체중이 얼마나 늘거나 줄었는지 등 수치화할 수 있는 것들을 치료의 지표로 삼는 것이다.

"몸무게만 달라지면 제 병이 낫는다고 생각해요." 내담자들을 만날 때마다 듣는 말이다. 외적인 것에 매몰되어 생긴 병인데 치료마저 외적인 기준으로 결정된다면 과연 그 치료가 잘 이뤄질 수 있을까? 아니, 더 멀어질 수밖에 없을 것이다. 먹고 토했지만 그러지 않았다고 거짓말하면 되고, 몸무게 역시 바짝 줄이든 늘리든 해서 확인하는 순간만 모면하면 그만이다.

그렇다면 대체 어떻게 해야 하는가?

이쯤에서 예상했겠지만, 100% 확실한 방법은 없다. 전문 치료제가 있는 것도 아닐뿐더러 치료 단계가 명확하게 나눠진 것도 아니기 때문에 모두에게 통용되는 정답이란 없다. 사실 이는 모든 질환에 해당하는 이야기지만, 섭식장애를 앓고 있는 사람들이나 그들 곁에 있는 이들에겐 더더욱 강조하고 싶은 부분이다. 세상에 섭식장애 환자가 1000명이라면 1000가지 이상의 원인과 치료 방법이 있다고 생각한다. 병의 특성을 이해하는 것도 필요하겠지만, 결국 눈앞의 사람이 누구인지, 무엇을 원하는지, 왜 힘들어하는지 '진심으로' 알려고 하지 않으면 아무리 좋은 방법을 찾아왔다고 해도 당사자에게는 가닿지 않을 것이다.

알고 있다. 왜 내 자식은 남들처럼 먹고 자고 공부하고 일할 수 없는지 이해가 가지 않고, 화가 나고, 속상하고, 치료를 하면 할수록 답답해지기만 한 분들도 계실 거다. 일과 생활을 뒤로 미뤄 두고 치료에 전념했는데 상태가 기대만큼 호전되지 않는 것을 보며 누구 탓이라도 하고 싶고 결국은 의지가 없어서, 낫고 싶은 마음이 없어서라고 생각하는 분들도 많으실 거다.

'섭식장애 인식 주간' 행사에서나 메일로, 혹은 유튜브나 블로그에 댓글을 달아 조언을 요청하는 분들에게 늘 말씀드리는 것이 있다. '병의 유무와 상관없이 일상을 유지하는 것'이 제일 중요하다고. (이는 함께 활동하고 있는 섭식장애 전문 상담사인 김윤아 선생님이나 『이것도 제 삶입니다』라는 섭식장애 관련 책을 쓴 박채영 님과도 항상 하는 이야기다.) 병을 앓고 있는 당사자로서는 당장은 실행할 수 없는 일일지도 모르지만, 가족이나 친구, 연인 등 당사자 주변에서 함께 병을 겪고 있는 이들은 조금씩이라도 시도해 볼 수 있지 않을까? 치료가 어려운 병이니만큼 조급하게 생각하기보다 자신의 중심을 잃지 않고 일상이나 취미 생활을 포기하지 않고 곁에서 함께 '살아가는 모습'을 보여 주는 것만으로 당사자에게는 큰 힘이 될 수 있다.

물론 입원 치료나 적극적인 돌봄이 필요한 경우는 다르겠지만, 당사자나 치료자(의사, 상담사 등)와 의논하여 각자의 시간을 보낼 수 있는 여유가 있다면 꼭 그 여유를 챙기시길 바란다. '내가 이렇게까지 했는데 왜 낫지 않아?'라는 생각이 들지 않도록 너무 많은 것을 포기하지 않으셨으면 좋겠다. 당사자들 역시 치료 중에 넘어지는 날이 잘 걷는 날보다 훨씬, 정말이지 훨씬 많을 텐데 일희일비하지 않고 넘어져도 '오늘 망했다. 다 끝났다.'라고 생각하지 말고 다시 시작하면 된다는 것을 꼭 기억해 주셨으면 좋겠다.

내담자분들은 물론이고, 섭식장애에 관한 이야기를 나

눌 때 모두가 꼭 하는 질문이 있다. '도대체 어떻게 나았느냐.'는 질문인데 나는 이 질문이야말로 가장 답하기 어렵다. 이걸 해서 나아졌다고, 저걸 해서 괜찮아졌다고 명확히 말할 수 없기 때문이다.

돌아보면 그저 스스로에게 기회를 주고 싶었을 뿐이다. 10년 넘게 먹고 토하면 주변에서도 치료를 포기하기 시작한다. 섭식장애 관련 활동을 하고 상담을 하는 지금도 엄마는 나를 보면 "요즘도 먹고 토하니?"라고 묻는다. 예전에는 그 질문이 너무 싫었는데 지금은 이 병이 엄마에게도 트라우마였음을, 나를 지켜본 가족들도 이 병을 함께 겪었음을 실감한다.

조금 슬픈 이야기지만, 섭식장애가 나고 내가 섭식장애가 되면 가족이나 친구들도 둘을 구분하기 어려워한다. 뭘 좀 해 보려다가 조금이라도 삐끗하면 어마어마한 실망과 잔소리가 쏟아진다. 결국, 너는 그렇게 살다 죽을 애라고. 속상한 마음에 한 말들이라는 걸 이제는 알지만, 당시에는 모두가 날 포기한 것 같았다. 그렇게 만든 것이 나인데 서운해하고 속상해하는 내가 가증스럽기도 했다. 그즈음에 시작했던 게 유튜브다. 처음으로 나의 증상들을 숨기거나 속이지 않았고, 그대로 받아들여졌다. 재발해도 괜찮다고 말해 주는 사람들이 있었고, 그들이 내게 어떤 모습이든 함께 살아가

자고 손을 내밀어 주었다. 처음으로 좀 잘 살고 싶어졌던 것 같다.

　"거기 계셔 주시고 함께 살아 주셔서 감사해요."

　유튜브 영상 끝에 꼭 넣는 문장이다. 예전에 오랜 구독 자와 삶이 너무 비참하고, 스스로에게 살 자격이 없는 것 같고, 그래서 내가 나를 응원하고 지켜보는 게 너무 버겁다는 이야기를 하다가(아, 바다와 나눈 대화였다!) 문득 바다를 포함 해 내가 만난 그 누구도 죽지 않았으면 좋겠다고 생각한다 는 것을 깨달았다. 그들 역시 나에게 죽지 말라고, 함께 살자 고 말해 주었으니 서로 삶을 허락해 주면 어떨까, 하는 생각 이 들었고 그 뒤부터 더 자주 말하게 됐다. 당신이 살았으면 좋겠다고.

　어쩌면 우리에게는 '완치'가 영영 찾아오지 않을 수도 있다. 어느 정도 회복에 도달했다고 말하는 나도 언제든 섭 식장애가 내 삶의 주도권을 다시 차지하려 드는 날이 올 수 있다고 생각한다. 그러나 그게 예전처럼 죽고 사는 문제가 아니게 되었다. 먹고 싶은 음식을 먹고 싶을 때 먹고 싶은 만큼 먹을 수 있다면, 남들이 말하는 일반식이나 정상식이 아니더라도 괜찮다. 거울 속 내 모습이 마음에 들지 않아도 외출하는 데 문제가 없고 다이어트에 대한 욕구가 불쑥 밀려와도 무너지지 않는다. 무너지는 날이 있더라도 그게 끝이라고 생각하지 않는다. 무수히 많은 실패와 좌절은 끝이 아니라 과정이라는 것을 이제는 안다. 무엇보다 아무도 주지 않는 '다음'이라는 기회를 죽을 때까지 무한정으로 나 자신에게 주겠다고 다짐했으니까. 평생 섭식장애와 트라우마를 데리고 살아가야 한다는 게 예전에는 너무 끔찍하고 두려웠는데, 지금은 잘 데리고 살아 보고 싶다. 잘못이나 문제가 아니다. 그저 한 부분일 뿐이다.

"삶은 버티는 게 아니에요, 삶은 살아가는 겁니다."

몇 년 전 의사 선생님이 건네준 말을 이 책을 읽는 분들에게 전해 드리고 싶다. 한때 입만 열면 "버티고 있다, 버텨야 한다."는 말을 달고 살았다. 남들도 다 힘든데 그깟 병 좀 걸렸다고 약한 소리 하는 게 꼴 보기 싫어서 "버텨라, 견뎌라, 이겨내라." 하며 나를 몰아붙였다.

그런데 어느 순간 이렇게 버텨서 뭐가 남을까 싶었다. '버텨 봤자 결국 달라지는 건 아무것도 없는데 그럴 바엔 죽는 게 낫지 않나?'라는 다소 극단적인 생각에까지 이르렀다. 그때마다 저 말을 떠올렸다. 버티지 말고 살아가자. 안 될 때는 잠시 멈춰도 보고 미뤄도 보고 놓기도 하면서 굳이 다 해내려고 애쓰지 말자. 그저 '살아가는 연습'을 하고 있다고 생각하면서. 우리의 오늘이 어떤 내일, 어떤 다음으로 이어질지는 아무도 모른다. '오늘'을 살아 냈다면 충분하지 않을까.

항상 응원하겠습니다. 언제 어디선가 만나면 반갑게 인사해요, 우리.

한 해가 지나가고 새로운 한 해 앞에서
이진솔

· 「"섭식장애 치료환경 열악, 체계적인 시스템 필요"」 청년의사, 2013.05.23.

· 「청소년 3명 중 1명 "다이어트 해봤다"」 부산일보, 2017.11.06.

· 국민건강영양조사, 질병관리청, 2010.

· 권석만 지음, 『현대 이상심리학』 학지사, 2013.

· 권지수 지음, 「20대 여성의 공적 자의식이 신경성 폭식증에 미치는 영향: 미성숙한 방어기제와 부정 긴급성의 매개효과」 서강대학교 교육대학원 석사 학위 논문, 2008.

· 권호인, 권정혜 지음, 「폭식 행동을 보이는 여대생의 인지행동 집단치료 효과」 『인지행동치료』 3(1), 2003.

· 김미리혜 지음, 「폭식행동의 이해」 『한국심리학회지: 일반』 27(3), 2008.

· —————, 「폭식행동의 치료」 『한국심리학회지: 건강』 13(4), 2008.

· 김성수, 임성근, 황보인, 김율리 지음, 「남성 섭식장애 환자의 섭식장애 병리의 특징」 『정신신체의학』 25(2), 2017.

· 김소울, 최혜윤, 오정연, 김태연 지음, 『한국형 섭식장애를 말하다』 학지사, 2020.

· 김완석, 김정식 지음, 「동아시아 여대생들의 신체가치관과 신체존중감: 한국, 중국, 일본의 비교」 『한국심리학회지: 문화 및 사회문제』 13(4), 2007.

· 김완석, 유연재 지음, 「한국 대학생의 신체이미지: 일본, 중국과의 비교를 토대로」 『한국심리학회지: 문화 및 사회문제』 182, 2012.

· 김율리 지음, 「섭식장애의 신체적 이상과 치료」 『대한의사협회지』 61(3), 2018.

· 김율리, 전옥순 지음, 『섭식장애의 치료』 학지사, 2013.

· 김율리, 조소현, 문정준 지음, 「섭식장애 및 비만의 중독적 측면」 『J Korean Neuropsychiatr Assoc』 51, 2012.

· 김은숙 지음, 「섭식장애 여학생의 자아존중감과 체중변화에 미치는 미술치료 사례연구」 배재대학교 대학원 석사 학위 논문, 2010.

· 김정내, 임성문 지음, 「부모 및 또래애착과 대학생의 섭식장애 행동과의 관계: 자의식의 매개효과」 『청소년학연구』 14(5), 2007.

· 김정선, 권다예 지음, 「가족 역할을 중심으로 본 한국 여성의 섭식장애」 『보건과 사회과학』 44(1), 2017.

· 김지향, 이장한 지음, 「섭식억제자의 신경증 수준이 이상적으로 마른 신체이미지 노출에 따른 자기고양효과 및 섭식행동에 미치는 영향」 『한국심리학회』 35(1), 2016.

· 노향화, 이민규 지음, 「대학생의 애착, 자기은폐 및 신경증 성격이 이상섭식태도에 미치는 영향: 심리적 유연성의 매개효과를 중심으로」, 『청소년학연구』 22(1), 2015.

· 류애리, 송원영 지음, 「마른 이상적 체형의 내면화 및 신체비교가 이상섭식행동에 미치는 영향에 있어서 신체 수치심의 매개효과 검증」, 『한국심리학회지: 건강』 18(2), 2013.

· 문요한 지음, 『이제 몸을 챙깁니다』, 해냄출판사, 2019.

· 문지윤, 한세영 지음, 「여대생의 인스타그램 뷰잉(Viewing) 활동이 신체비교 및 신체만족도를 통해 자아존중감에 미치는 영향」, 『한국심리학회지: 발달』 32(3), 2019.

· 박경은 지음, 「이상섭식행동 여성의 상담경험에 대한 해석학적 현상학 연구」, 『상담학연구』 18(2), 2017.

· 박은아, 성영신 지음, 「광고모델에 대한 소비자 지각이 구매의도에 미치는 영향: 신체이미지 비교를 중심으로」, 『한국심리학회지: 소비자·광고』 2(1), 2001.

· 박정수, 이민규, 신희천 지음, 「여대생의 절식 및 폭식행동에 대한 자기평가의 신체 중요성 지각 모형」, 『한국심리학회지: 임상』 26(1), 2007.

· 박지현, 공성숙 지음, 「섭식장애 환자의 섭식장애 증상과 우울 간의 관계에서 성인애착의 매개효과」, 『정신간호학회지』 27(1), 2018.

· 배재현, 최정윤 지음, 「섭식장애 환자집단의 심리적 특성에 대한 연구」, 『한국심리학회』 16(2), 1997.

· 송동호 지음, 『식이장애』, 아카데미아, 2005.

· 신미연, 이정윤 지음, 「외모에 대한 지각된 사회문화적 영향과 다이어트 행동의 관계: 신체상과 인지왜곡의 매개효과」, 『인지행동치료』 12(2), 2012.

· 신미영 지음, 「대중매체가 여성의 다이어트와 섭식장애에 영향을 미치는 과정」, 강원대학교 대학원 석사 학위 논문, 1997.

· 신주영 지음, 「고등학교 무용전공학생들의 몸에 대한 인식」, 한국스포츠교육학회 학술 발표 논문집, 2009.

· 오숙현 지음, 「여대생의 섭식장애 행동과 부모와의 애착에 관한 연구」, 이화여자대학교 대학원 석사 학위 논문, 1994.

· 오현숙 지음, 「소셜 미디어가 여대생의 신체 이미지 형성에 미치는 영향: 페이스북의 소셜 그루밍(social grooming) 활동을 중심으로」, 『광고연구』 115, 2017.

· 윤소현, 김가은 지음, 「섭식장애에서 비약물적 중재의 효과: 체계적 문헌고찰 및 메타

분석」,『보건교육건강증진학회지』35(5), 2018.

· 이경아 지음, 「섭식장애 환자 가족개입에 있어서 미누친의 체계 모델의 적용가능성에 대한 연구」 숭실대학교 대학원 석사 학위 논문, 1996.

· 이삼연 지음, 「개별연구: 섭식장애 인지행동치료」,『인지행동치료』13(0), 2000.

· 이상의, 이숙정 지음, 「소셜미디어 이용이 청소년의 신체상에 미치는 영향: 외모 대화, 마른 몸매의 내면화, 외모 상향 비교, 신체 불만족 간의 관계를 중심으로」,『커뮤니케이션학 연구』27(1), 1996.

· 임경은 외 지음, 「한국 성인에서 체형인식과 체중감량 노력 및 체중감량 행동의 14년간 추세: 2001년에서 2014년까지 국민건강영양조사 자료」,『대한임상건강증진학회』17(1), 2017.

· 전민경, 하주영 지음, 「여고생 다이어트 실패 경험」,『질적연구』15(2), 2014.

· 정수인, 양수진 지음, 「성인 초기 여성의 이미지 기반 SNS의 과도한 사용과 이상섭식 행동의 관계: 객체화된 신체의식과 외모 거부민감성의 매개효과」,『한국심리학회지: 여성』25(1), 2020.

· 정연진 지음, 「여대생의 체형인식에 따른 체중조절, 식습관 및 영양교육에 관한 연구」 동국대학교 대학원 석사 학위 논문, 2009.

· 조기여 지음, 「외모관심도, 신체만족도, 자아존중감에 따른 미용성형행동 연구」 한국심리학회 학술대회 자료집, 2007.

· 조봄 지음, 「van Manen의 해석학적 현상학을 적용한 섭식장애 초기성인의 미술치료 체험의 본질」 조선대학교 석사 학위 논문, 2016.

· 조승희 지음, 「섭식장애 여성의 자아존중감 향상을 위한 통합예술치료 단일사례연구」 동국대학교 대학원 석사 학위 논문, 2014.

· 조주희 지음, 「자기인식의 변화를 중심으로 한 섭식장애 환자의 미술치료 단일사례연구」 동국대학교 대학원 석사 학위 논문, 2010.

· 주은정, 박숙희 지음, 「여대생들의 신체상의 다이어트가 섭식장애, 식이섭취량 및 사회심리적 요인에 미치는 영향」,『동아시아식생활학회지』8(4), 1998.

· 청소년건강행태 온라인 조사 보고서, 질병관리청, 2015.

· 최경희 지음, 「사회지향성과 폭식행동의 관계」 가톨릭대학교 대학원 석사 학위 논문, 2019.

· 최광현 지음,『가족의 발견』 부키, 2014.

· 최정윤, 박경, 서혜희 지음, 『이상심리학』, 학지사, 2000.

· 한미정 지음, 「신체이미지 관련 TV 메시지의 처리방식의 여대생의 신체만족감과 다이어트 행동에 미치는 영향에 관한 연구」, 『한국방송학보』 14(3), 2000.

· 홍종필, 이시연 지음, 「잡지 속의 신체 이미지 광고에 대한 노출이 20대 여성의 기분과 신체 불만족에 미치는 영향: 상향 비교, 마른 몸매에 대한 사회규범화, 그리고 외모 지향성의 매개효과를 중심으로」, 『미디어, 젠더 & 문화』 4, 2005.

●　●　●

· American Psychiatric Association, A. P., *Diagnostic and statistical manual of mental disorders (DSM-IV)*, Washington DC: American Psychiatric Association, 1994.

· American Psychiatric Association. *Diagnostic and statistica manual of mental disorders (DSM-5)*, Washington DC: American Psychiatric Pub, 2013.

· Armstrong, J. G., Roth, D. M., Attachment and separation difficulties in eating disorders: A preliminary investigation, *International Journal of Eating Disorders*, 8(2), 1989.

· Arnow, B., Kenardy, J., Agras, W. S., The emotional eating scale: The development of a measure to assess coping with negative affect by eating, *International Journal of Eating Disorders*, 18, 1995.

· Bandini, S., Antonelli, G., Moretti, P., Pampanelli, S., Quartesan, R., Perriello, G., Factors affecting dropout in outpatient eating disorder treatment, *Eating and Weight disorders-studies on Anorexia, Bulimia and Obesity*, 11(4), 2006.

· Baumrind, D., Effective parenting during the early adolescent transition, *Family Transitions*, 2(1), 1991.

· Bessenoff, G. R., Can the media affect us? Social comparison, self-discrepancy, and the thin ideal, *Psychology of Women Quarterly*, 30(3), 2006.

· Binford, R. B., Pederson Mussell, M., Peterson, C. B., Crow, S. J., Mitchell, J. E., Relation of binge eating age of onset to functional aspects of binge eating in binge eating disorder, *International Journal of Eating Disorders*, 35(3),

2004.

· Black, C. M., & Wilson, G. T., Assessment of eating disorders: Interview versus questionnaire, *International Journal of Eating Disorders*, 20(1), 1996.

· Bowden, P. K., Touyz, S. W., Rodriguez, P. J., Hensley, R., Beumont, P. J. V., Distorting patient or distorting instrument?: Body Shape disturbance in patients with anorexia nervosa and bulimia, *The British Journal of Psychiatry*, 155(2), 1989.

· Brannon, L., Feist, J., Health psychology: An introduction to behaviour and health, *Brooks/Cole Publications*, 1992.

· Burger, K. S., Kantak, P. A., Sanders, A. J., Brain-Based Drivers and Consequences of Hedonic Overeating, In N. Avena (Ed.), *Hedonic Eating: How the Pleasurable Aspects of Food Can Affect Our Brains and Behavior*, Oxford University Press, 2015.

· Cassin, S. E., von Ranson, K. M., Is binge eating experienced as an addiction?, *Appetite*, 49(3), 2007.

· Clinton, D. N., Why do eating disorder patients drop out?, *Psychotherapy and Psychosomatics*, 65(1), 1996.

· Costin, C., Grabb, G. S., 8 Keys to recovery from an eating disorder: Effective strategies from Therapeutic Practice and Personal Experience, WW Norton & Company, 2011.

· D'Abundo, M., Chally, P., Struggling with recovery: Participant perspectives on battling an eating disorder, *Qualitative Health Research*, 14(8), 2004.

· Dare, C., Chania, E., Eisler, I., Hodes, M., Dodge, E., The eating disorder invent ory as an instrument to explore change in adolescents in family therapy for anorexia nervosa, *The Professional Journal of the Eating Disorders Association*, 8(5), 2000.

· Davis, C., Carter, J. C., Compulsive overeating as an addiction disorder. A review of theory and evidence, *Appetite*, 53(1), 2009.

· Davis, C., Claridge, G., The eating disorders as addiction: a psychobiological perspective, *Addictive Behaviors*, 23(4), 1998.

· Escobar-Koch, T., Banker, J. D., Crow, S., Cullis, J., Ringwood, S., Smith, G., Schmidt, U., Service users views of eatingdisorder services: an international comparison, *International Journal of Eating Disorders*, 43(6), 2010.

· Fairburn, C. G., Cooper, Z., Eating disorders, DSM-5 and clinical reality, *The British Journal of Psychiatry*, 198(1), 2011.

· Fairburn, C. G., Harrison, P. J., Risk factors for anorexia nervosa, *The Lancet*, 361(9372), 2003.

· Fairburn, C. G., Jones, R., Peveler, R. C. Hope, R. A., O'Connor, M., Psychotherapy and bulimia nervosa: The longer-term effects of interpersonal psychotherapy, behavior therapy, and cognitive-behavior Therapy, *Archives of General Psychiatry*, 50(6), 1993.

· Fardouly, J., Pinkus, R. T., Vartanian, L. R., The impact of appearance comparisons made through social media, traditional media, and in person in women's everyday lives, *Body Image*, 20, 2017.

· Festinger, L., A theory of social comparison processes, *Human Relations*, 7(2), 1954.

· Fredrickson, B. L., Roberts, T. A., Objectification theory: Toward understanding women's lived experiences and menta health risks, *Psychology of women quarterly*, 21(2), 1997.

· Gard, M. C., Freeman, C. P., The dismantling of a myth: A review of eating disorders and socioeconomic status, *International Journal of Eating Disorders*, 20(1), 1996.

· Garner, D. M., Garfinkel, P. E., Schwartz, D., Thompson, M., Cultural expectations of thinness in women, *Psychological Reports*, 47(2), 1980.

· Gerber, A. F., *Trauma, culture and disordered eating*, University of Massachusetts Boston, 2005.

· Gidwani, G. P., Rome, E. S., Eating disorder, *Clin Obstet Gynecol*, 40(3), 1997.

· Grilo, C. M., Masheb, R. M., Wilson, G. T., A comparison of different methods for assessing the features of eating disorders in patients with binge eating disorder, *Journal of Consulting and Clinical Psychology*, 69(2), 2001.

· Grilo, C. M., Reas, D. L., Mitchell, J. E., Combining pharmacological and psychological treatments for binge eating disorder: current status, limitations, and future directions, *Current Psychiatry Reports*, 13(6), 2016.

· Gross, J. J., John, O. P., Individual differences in two emotion regulation processes: implications for affect, relationships, and well-being, *Journal of Personality and Social Psychology*, 85(2), 2003.

· Gunewardene, A., Huon, G. F., Zheng, R., Exposure to westernization and dieting: A cross cultural study, *International Journal of Eating Disorders*, 29(3), 2001.

· Gunilla Paulson-Karlsson, Lauri Nevonen, Anorexia nervosa: treatment expectations - a qualitative study, *Journal of Multidisciplinary Healthcare*, 5, 2012.

· Haedt-Matt, A. A., Keel, P. K., Revisiting the affect regulation model of binge eating: a meta-analysis of studies using ecological momentary assessment, *Psychological Bulletin*, 137(4), 2011.

· Heatherton, T. F., Baumeister, R. F., Binge eating as escape from self-awareness, *Psychological bulletin*, 110(1), 1991.

· Herscovici, C. R., Bay, L., Favorable outcome for anorexia nervosa patients treated in Argentina with a family approach, *Eating Disorders* 4(1), 1996.

· Huber, M., Clandinin, D. J., Huber, J., Relational responsibilities of narrative inquirers, *Curriculum and Teaching Dialogue*,, 8(1/2), 2006.

· Jewell, T., Blessitt, E., Stewart, C., Simic, M., Eisler, I., Family therapy for child and adolescent eating disorders: A critical review, *Family Process*, 55(3), 2016.

· Jones, D. C., Vigfusdottir, T. H., Lee, Y., Body image and the appearance culture among adolescent girls and boys: An examination of friend conversations, peer criticism, appearance magazines, and the internalization of appearance ideals, *Journal of Adolescent Research*, 19(3), 2004.

· Jung, J., Forbes, G. B., Multidimensional assessment of body dissatisfaction and disordered eating in Korean and US college women: A comparative study, *Sex Roles*, 55(1-2), 2006.

· Kandiah, J., Yake, M., Jones, J., Meyer, M., Stress influences appetite and comfort food preferences in college women, *Nutrition Research*, 26(3), 2006.

· Kaplan, A. S., Garfinkel, P. E., Difficulties in treating patients with eating disorders: A review of patient and clinician variables, *The Canadian Journal of Psychiatry*, 44(7), 1999.

· Kiang, L., Harter, S., Sociocultural values of appearance and attachment processes: An integrated model of eating disorder symptomatology, *Eating Behaviors*, 7(2), 2006.

· Larson, B. J., Relationship of family communication patterns to Eating Disorder Inventory scores in adolescent girls, *Journal of the American Dietetic Association*, 91(9), 1991.

· Le Grange, D., Lock, J., Loeb, K., Nicholls, D., Academy for eating disorders position paper: The role of the family in eating disorders, *International Journal of Eating Disorders*, 43(1), 2010.

· Leahey, T. M., Crowther, J. H., Mickelson, K. D., The frequency, nature, and effects of naturally occurring appearance-focused social comparisons., *Behavior Therapy*, 38(2), 2007.

· Lemberg, R., Cohn, L., *Eating disorders: A Reference Sourcebook*, ABC-CLIO, 1998.

· Linardon, J., Brennan, L., De la Piedad Garcia, X., Rapid response to eating disorder treatment: A systematic review and meta-analysis, *International Journal of Eating Disorders*, 49(10), 2016.

· Linehan, M. M., Armstrong, H. E., Suarez, A., Allmon, D., Heard, H. L., Cognitive-behavioral treatment of chronically parasuicidal borderline patients, *Archives of General Psychiatry*, 48(12), 1991.

· Lowe, M. R., The effects of dieting on eating behavior: a three-factor model, *Psychological Bulletin*, 114(1), 1993.

· Lynch, T. R., Morse, J. Q., Mendelson, T., Robins, C. J., Dialectical behavior therapy for depressed older adults: A randomized pilot study, *The American Journal of Geriatric Psychiatry*, 11(1), 2003.

· Mann, T., Tomiyama, A. J., Westling, E., Lew, A. M., Samuels, B., Chatman, J., Medicare's search for effective obesity treatments: Diets are not the answer, *American Psychologist*, 62(3), 2007.

· Martin, F. E., The treatment and outcome of anorexia nervosa in adolescents: A prospective study and five year follow-up, *In Anorexia Nervosa and Bulimic Disorders*, 1986.

· Miller, A. L., Rathus, J. H., DuBose, A. P., Dexter-Mazza, E. T., Goldklang, A. R., *Dialectical behavior therapy in clinical practice: Applications across disorders and settings*, Guilford Press, 2007.

· Minuchin, S., Baker, L., Rosman, B. L., Liebman, R., Milman, L., Todd, T. C., A conceptual model of psychosomatic illness in children: Family organization and family therapy, *Archives of General Psychiatry*, 32(8), 1975.

· Minuchin, S., Rosman, B. L., Baker, L., *Psychosomatic families,* Harvard University Press, 2013.

· Myers, P. N., Biocca, F. A., The elastic body image: The effect of television advertising and programming on body image distortions in young women, *Journal of Communication*, 42(3), 1992.

· Neumark-Sztainer, D., Story, M., Dieting and binge eating among adolescents: what do they really mean?, *Journal of the American Dietetic Association*, 98(4), 1998.

· Nevonen, L., Broberg, A. G., The emergence of eating disorders: An exploratory study, *European Eating Disorders Review*, 8(4), 2000.

· Patching, J., Lawler, J., Understanding women's experiences of developing an eating disorder and recovering: a life-history approach, *Nursing Inquiry*, 16(1), 2009.

· Pettersen, G., Rosenvinge, J. H., Improvement and recovery from eating disorders: A patient perspective, *Eating Disorders*, 10(1), 2002.

· Pike, K. M., Dunne, P. E., The rise of eating disorders in Asia: A review, *Journal of Eating Disorders*, 3(1), 2015.

· Pizzulli, C. G., *The relationship between eating disorders and separation-individuation problems among high school females,* University of New York doctoral dissertation, 2004.

· Polivy, J., Herman, C. P., Dieting and binging: A causal analysis, *American Psychologist*, 40(2), 1985.

· Robin, A. L., Siegel, P. T., Moye, A. W., Gilroy, M., Dennis, A. B., Sikand, A., A controlled comparison of family versus individual therapy for adolescents with anorexia nervosa, *Journal of the American Academy of Child & Adolescent Psychiatry* 38(12), 1999.

· Russell, G. F., Szmukler, G. I., Dare, C., Eisler, I., An evaluation of family therapy in anorexia nervosa and bulimia nervosa, *Archives of General Psychiatry*, 44(12), 1987.

· Safer, D. L., Couturier, J. L., Lock, J., Dialectical behavior therapy modified for adolescent binge eating disorder: A case report., *Cognitive and Behavioral Practice*, 14(2), 2007.

· Safer, D. L., Telch, C. F., Agras, W. S., Dialectical behavior therapy for bulimia nervosa, *American Journal of Psychiatry*, 158(4), 2001.

· Salbach-Andrae, H., Bohnekamp, I., Pfeiffer, E., Lehmkuhl, U., Miller, A. L., Dialectical behavior therapy of anorexia and bulimia nervosa among adolescents: A case series, *Cognitive and Behavioral Practice*, 15(4), 2008.

· Sauro, C. L., Ravaldi, C., Cabras, P. L., Faravelli, C., Ricca, V., Stress, hypothalamic-pituitary-adrenal axis and eating disorders, *Neuro Psycho Biology*, 57(3), 2008.

· Selby, E. A., Anestis, M. D., Joiner, T. E., Understanding the relationship between emotional and behavioral dysregulation: Emotional cascades, *Behaviour Research and Therapy*, 46(5), 2008.

· Shisslak, C. M., Crago, M., & Estes, L. S., The spectrum of eating disturbances, *International Journal of Eating Disorders*, 18(3), 1995.

· Shomaker, L. B., Brady, S. M., Yanovski, J. A., Effect of adapted interpersonal psychotherapy versus health education on mood and eating in the laboratory among adolescent girls with loss of control eating, *International Journal of Eating Disorders*, 49(5), 2016.

· Striegel-Moore, R. H., Silberstein, L. R., Rodin, J., Toward an understanding of risk factors for bulimia, *American Psychologist*, 41(3), 1986.

· Stunkard, A. J., Messick, S., The three-factor eating questionnaire to measure dietary restraint, disinhibition and hunger, *Journal of Psychosomatic Research*, 29(1), 1985.

· Tasca, G. A., Kowal, J., Balfour, L., Ritchie, K., Virley, B., Bissada, H., attachment insecurity model of negative affect among women seeking treatment for an eating disorder, *A Eating Behaviors*, 7(3), 2006.

· Tasca, G. A., Taylor, D., Ritchie, K., Balfour, L., Attachment predicts treatment completion in an eating disorders partial hospital program among women with anorexia nervosa, *Journal of Personality Assessment*, 83(3), 2004.

· Thompson, C. J., Hirschman, E. C., Understanding the socialized body: A poststructuralist analysis of consumers' self-conceptions, body images, and self-care practices, *Journal of Consumer Research*, 22(2), 1995.

· Thompson, J. K., & Heinberg, L. J., The media's influence on body image disturbance and eating disorders: We've reviled them, now can we rehabilitate them?, *Journal of Social Issues*, 55(2), 1999.

· Tiggemann, M., Zaccardo, M., 'Strong is the new skinny': A content analysis of fitspiration images on Instagram, *Journal of Health Psychology*, 23(8), 2018.

· Tomiyama, A. J., Dallman, M. F., Epel, E. S., Comfort food is comforting to those most stressed: Evidence of the chronic stress response network in high stress women, *Psychoneuroendocrinology*, 36(10), 2011.

· Treasure, J., Schmidt, U., Van Furth, E., *Handbook of eating disorders*, John Wiley, 2003.

· Troisi, A., Massaroni, P., Cuzzolaro, M., Early separation anxiety and adult attachment style in women with eating disorders, *British Journal of Clinical Psychology*, 44(1), 2005.

· Waller, G., rop-out and failure to engage in individual outpatient cognitive behavior therapy for bulimic disorders, *International Journal of Eating Disorders*, 22, 1997.

· Wardle, J., Haase, A. M., Steptoe, A., Body image and weight control in young adults: International comparisons in university students from 22 countries,

International Journal of Obesity, 30(4), 2006.

· Wegner, K. E., Smyth, J. M., Crosby, R. D., Wittrock, D., Wonderlich, S. A., Mitchell, J. E., An evaluation of the relationship between mood and binge eating in the natural environment using ecological momentary assessment, *International Journal of Eating Disorders*, 32(3), 2002.

· Weiss, F., Body image, eating disorders, and obesity in youth: assessment, prevention, and treatment, *American Psychological Association*, 2004.

· Weiss, N. H., Sullivan, T. P., Tull, M. T., Explicating the role of emotion dysregulation in risky behaviors: A review and synthesis of the literature with directions for future research and clinical practice, *Current Opinion in Psychology*, 3, 2015.

· Weiss, S. W., Ebert, M. H., Psychological and behavioral characteristics of normal-weight bulimics and normal-weight controls, *Psychosomatic Medicine*, 45(4), 1983.

· Whitehouse, A. M., Cooper, P. J., Vize, C. V., Hill, C., Vogel, L., Prevalence of eating disorders in three Cambridge general practices: hidden and conspicuous morbidity, *British Journal of General Practice*, 42(355), 1992.

· Wilson, G. T., Fairburn, C. G., Cognitive treatments for eating disorders, *Journal of Consulting and Clinical Psychology*, 61(2), 1993.

· Wisniewski, L., Kelly, E., The application of dialectical behavior therapy to the treatment of eating disorders, *Cognitive and Behavioral Practice*, 10(2), 2003.